<お詫  JN074439

　本書『地域貢献を踏まえた　相続対策と不動産活性化ノウハウ』の 168 頁の下から 2 行目の「女性が備えるべき 3 つの相続　〜親の相続、夫の相続、自分の相続〜」(商標登録出願中　整理番号 J201906) の下線部分が誤っていました。ここにお詫びして以下の通り訂正いたします。

誤：(商標登録出願中　整理番号 J201906)
正：および女性目線相続ネットワーク(商標登録出願中　商願 2021-022531)

地域貢献を踏まえた

相続対策と不動産活性化ノウハウ

田原 義通 著
Yoshimichi Tahara

「地域連携ネットワーク」における
金融機関の役割とは

近代セールス社

はじめに

　この本に興味をお持ちいただきありがとうございます。

　皆様が所属していらっしゃる組織は、銀行等の金融機関が多いと思いますが、他にも生・損保会社、建設・住宅会社、各種の一般社団法人など、皆様の組織が囲い込みに躍起になっている富裕層へのアプローチに幅をお持ちいただくために、重要なファクターである遊休不動産の活性化と、相続対策および国の重要施策である地域連携ネットワーク、および地域包括ケアについてお話をさせていただきます。

　令和2年春からのコロナウイルスのパンデミックによる世界経済の停滞と価値観の変化が、どのような社会情勢を新たに秩序立てていくか見通せないなかで、顧客一人ひとりに寄り添いながらビジネスを展開していく必要性がさらに求められていくことと思われます。

　『顧客との共通価値の創造』

　この言葉は平成28年10月に発表された金融庁「平成28事務年度 金融行政方針」において使われたことで、銀行関係者が広く知るところとなりました。その第1章、金融行政運営の基本方針に「共通価値の創造」を目指した金融機関のビジネスモデルの転換として次のようなことが書かれています。

　「金融機関が顧客本位の良質なサービスを提供し、企業の生産性向上や国民の資産形成を助け、結果として、金融機関も安定した顧客基盤と収益を確保するという好循環（顧客との共通価値の創造）を目指すことが望まれる」と。そして、平成30年7月に発表された「平成29事務年度地域銀行モニタリング結果とりまとめ」で明らかになった課題についても、本書で地域包括ケアシステムにおける地域金融機関の果たす役割の重大さとコーディネーターとしての可能性について提案していますので、この意図を感じ取っていただけたら幸いです。

金融機関として金融商品をお客様に提案することは最も重要なことと理解していますが、昨今の金融情勢を考えるとき、お客様に寄り添いつつ（リレーションシップバンキングとして）その資産の有効活用や相続対策を提案し、特にこれからのトレンドになっていく共感力をお客様に感じ取っていただけることを念頭に置く必要が出てきます。

　昭和から平成そして令和へと時代が変遷するなか、昭和の時代は人口の増加もあり、内需拡大というキーワードが長い間政府の経済目標に登場していました。その内需拡大の"一丁目一番地"が、住宅金融公庫をベースにした新築住宅着工戸数のコントロールです。内需拡大の柱を住宅建設に据え、家電、家具など付帯設備の購入を促進させることでGNPを押し上げるというものです。

　翻って昨今、住宅金融公庫は解散し内需拡大という言葉はもはや死語になりつつあります。人口減少が避けられない日本において、内需を民間の力で拡大していくことはもはや不可能に近く、政府も人口減少、高齢社会の到来を前に、人口減少による労働力不足を補うための国民総活躍社会の構築（そのための女性活躍推進法等や保育所完備など）、地域包括ケアシステムの2025年度整備など、内需拡大に代わる政策を示しています。

　そこで本書は、富裕層や高額所得者の所有する遊休地の活用手法について、地域包括ケアや来るべき2045年頃の超高齢社会を念頭に説明しています。時代の変遷に従い金融機関などの従来型ビジネスモデルの変更が余儀なくされる昨今、多くの金融機関などが囲い込みに躍起になっている富裕層、高額所得者、相続発生対象者への、金融機関などからの遊休地活用提案・アドバイスにお役立ていただければ嬉しく思います。

2020年10月

田原　義通

■目　次■

目　次

はじめに

おわりに

求められる富裕層の
不安への対応

1. 超高齢社会の到来と負担の増大

<生産労働人口の減少>

　近年、新聞などのメディアで頻繁に目にする言葉に「平均寿命」「健康寿命」「年代別平均余命」などがあります。平成29年7月27日の厚生労働省発表によれば、平成28年の平均寿命は男性80.98歳、女性87.14歳であり、健康寿命は男性71.19歳、女性74.21歳となっています。また、2065年の平均寿命は予測で男性84.95歳、女性91.35歳にもなっています。

　図表1は総務省統計局による人口推計から抜粋したものです。

　ここで、2020年から2060年までの日本の人口は、15歳から64歳の労働人口で見ると、20年の7,405万人が10年ごとに500〜800万人ずつ減少し、一方で65歳以上の老年人口は2020年から2040年までの20年間で、300万人も増加することになっています。

図表1　出生中位推計

年　　次	総人口：1,000人	0〜14歳	15〜64歳	65歳以上
2018年	126,177	15,413	75,158	35,606
2020年	125,325	15,075	74,058	36,192
2030年	119,125	13,212	68,754	37,160
2040年	110,919	11,936	59,777	39,206
2050年	101,923	10,767	52,750	38,406
2060年	92,840	9,508	47,928	35,403

出所：総務省統計局HPより

　また、2060年には総人口に対しての65歳以上の老年人口が約40％となりますが、さらにその内訳は、65〜75歳の高齢者人口と75歳以上の後期高齢者人口比率が1対2となります（総務省統計局）。本当の意

味での超高齢社会の到来です。

　次の**図表2**は、厚生労働省による平均余命の統計ですが、平成28年における70歳の方の平均余命は男性15.72年、女性19.98年と同じく平成28年の平均寿命男性80.98歳、女性87.14歳よりも男性で4.7年、女性で2.8年と70歳を迎えた方の余命は平均寿命よりも大幅に長くなっています。

図表2　主な年齢の平均余命

	男　性			女　性		
年齢	平成29年	平成28年	前年との差	平成29年	平成28年	前年との差
0歳	81.09	80.98	0.11	87.26	87.14	0.13
10歳	71.33	71.23	0.11	77.50	77.39	0.11
20歳	61.45	61.34	0.11	67.57	67.46	0.11
30歳	51.73	51.63	0.1	57.70	57.61	0.09
40歳	42.05	41.96	0.09	47.90	47.82	0.09
50歳	32.61	32.54	0.07	38.29	38.21	0.08
60歳	23.72	23.67	0.04	28.97	28.91	0.06
70歳	15.73	**15.72**	0.01	20.03	**19.98**	0.05
80歳	8.96	8.92	0.03	11.84	11.82	0.02
90歳	4.25	4.26	-0.03	5.61	5.62	0.00

出所：厚生労働省HPより

　総務省統計局の人口推計では、日本の2018年の総人口は1億2,618万人で15歳から64歳の生産労働人口は7,516万人ですが、10年後の2028年には総人口は1億1,932万人、生産労働人口は7,009万人に減少するとしています。生産労働人口の減少は、直接税である所得税を納める人がこの10年間で500万人減ることを意味します。

　また、2033年の生産労働人口は6,663万人ですので、15年間で見ても850万人減ることになります。国として所得の捕捉や税金を徴収しやすい我々サラリーマンなどの所得税支払者が大幅に減るのですから、消

費税を引き上げるだけでは到底カバーしきれるものではないことは自明
です。

<資産税負担の増加>

また、相続税の基礎控除の推移を表したものが、次の**図表3**です。

図表3　相続税基礎控除の変遷

昭和 63 年 12 月改正前 基礎控除額（法定相続人 3 人の場合）	最高税率
2,000 万円 + 400 万円 × 法定相続人 = 3,200 万円	5 億 70%
昭和 63 年 12 月改正	
4,000 万円 + 800 万円 × 法定相続人 = 6,400 万円	5 億 70%
平成 4 年度改正	
4,800 万円 + 950 万円 × 法定相続人 = 7,650 万円	10 億 70%
平成 6 年度改正	
5,000 万円 + 1,000 万円 × 法定相続人 = 8,000 万円	20 億 70%
平成 15 年度改正（変化なし）	
5,000 万円 + 1,000 万円 × 法定相続人 = 8,000 万円	3 億 50%
平成 27 年度改正	
3,000 万円 + 600 万円 × 法定相続人 = 4,800 万円	6 億 55%

　2015 年度（平成 27 年度）の相続税改正で、法定相続人 3 人の場合の
基礎控除が 8,000 万円から 4,800 万円に 4 割減ったことで相続対策ブー
ムになったことは記憶に新しいですが、昭和 63 年以降、基礎控除が増
え続けてきたところに、初めて減額となったため大騒ぎしたわけです。
昭和 63 年改正前の基礎控除は 2,000 万円で、控除額は法定相続人 1 人
当たり 400 万円、そして最高税率は相続財産 5 億円以上でなんと 70%
という時代でした。
　昭和から平成に変わる頃はバブル景気とその後始末の時代でしたが、
日本の国家会計や国債発行額を考えても、平成から令和に変わる現在と

比べても、いかに相続税負担が大きかったかが分かります。ちなみに、その頃の日本の総人口と老年人口比率からすると、今後、相続税負担は増えざるを得ないと思われます。一方、国家間競争力維持の面から、法人税については他国や都市間競争の激化から減税して企業を引き留めておくしかないため、引上げは考えられない状況です。

　とするなら、国としては国税と地方税収入の増大を図るほかなく、国税の直接税である相続税、贈与税、所得税は段階的に上昇、間接税である消費税、酒税、たばこ税も同様です。また地方税においては固定資産税、不動産取得税も上昇していきますが、政権政党にとって選挙対策上、票に直結する消費税などよりも、比較的許容されやすい相続税、固定資産税などの資産税関係が一番狙われやすくなります。

　また、後で詳しく述べますが、人口構成上の問題で福祉型社会は生産性が極めて低くなりやすく、その費用は税金と個人資産で賄うことになります。

2．富裕層の悩みと求められる不動産の有効活用

＜不動産オーナーの気がかりや悩み＞

　このように、将来的に相続税、資産税の上昇が避けられそうにない日本の歳入事情を鑑みると、金融関係のビジネスマンの折衝相手である資産家、投資家などの情報取得能力に優れ、景気動向をはじめ世の中の動きに敏感な層に交渉相手と認めてもらうには、遊休不動産の活用や相続税対策などを避けて通ることはできません。

　本書は、資産家のなかでも不動産の所有者をターゲットに、所有不動産の活用もしくは売却の手法について一例を示していきます。基本的に資産家は自宅以外の遊休不動産を複数所有しているケースが多く、その活用については時間軸と相続人を視野に入れた提案が重要なポイントと

なります。また売却すべき不動産と活用すべき不動産の仕分け、不動産を売却により現金化する、あるいは事業用に組み替えるなどの提案も当然必要となります。

　富裕層である不動産オーナーの気がかりや悩みは、**図表4**のように多岐にわたります。これは一例にすぎませんが、顧客の本当の気がかりを教えてもらうために、このような一覧表をアンケート形式の書式に置き換えてアンケートを実施することで、比較的容易に把握することができます。

図表4　土地オーナー、賃貸オーナーの気がかり・悩みの一覧

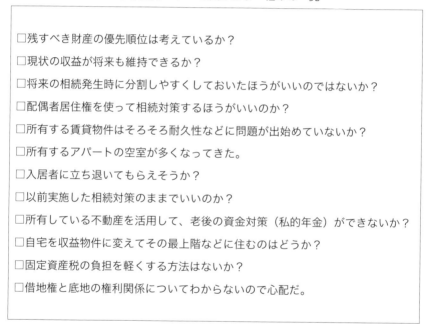

□残すべき財産の優先順位は考えているか？

□現状の収益が将来も維持できるか？

□将来の相続発生時に分割しやすくしておいたほうがいいのではないか？

□配偶者居住権を使って相続対策するほうがいいのか？

□所有する賃貸物件はそろそろ耐久性などに問題が出始めていないか？

□所有するアパートの空室が多くなってきた。

□入居者に立ち退いてもらえそうか？

□以前実施した相続対策のままでいいのか？

□所有している不動産を活用して、老後の資金対策（私的年金）ができないか？

□自宅を収益物件に変えてその最上階などに住むのはどうか？

□固定資産税の負担を軽くする方法はないか？

□借地権と底地の権利関係についてわからないので心配だ。

　その顧客の気がかりや悩みなどのニーズについて、感性と知識を持った金融マンが理解し共感できるということを顧客に気づいてもらう必要があります。そのため、求められる内容が顧客一人ひとり異なることを理解し、事前にできる限り顧客の情報を取得することによって、想定される質問に回答する準備をしなくてはいけません。つまり、顧客の不安

解消に役立つ情報提供者になることが肝要です。

<不動産活用の目的>

　顧客が一般的に遊休地もしくは所有地で悩んでいることは、大きく図
表5のように分けられます。

図表5　顧客の悩みのカテゴリー

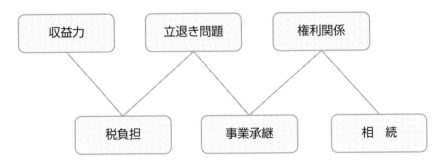

　このように収益力、立退き問題、権利関係、税負担、事業承継、相続
といった大きく6つのカテゴリーに分けられます。最終的に不動産活用
の目的は、

　・今から相続に備えたい

　・税金（相続税や固定資産税）を軽減するために対策を講じたい

　・子孫にうまく資産を承継していきたい

　・老後を安心して暮らしたい

　・底地、借地の権利関係を調整したい

といった内容に絞り込まれていきます。

　そして処分する、活用する、貸し出すなどの遊休地それぞれの対処方
法を検討するわけですが、所有者としての時間軸と日本国（周辺マーケ
ット）の時間軸を考えるのが肝心で、それは高齢者人口の増加の2つの
リスク、医療介護費用の増大と、高齢者層の所有する金融資産等の凍結
に向かっていきます。

3．医療介護ニーズと地域経済分析システムの活用

＜高齢者人口の増加と認知対策＞

　まずは顧客の高齢化ですが、このような資産を有する顧客は、必然的に高齢者が多くなります。そこで、70歳から10歳刻みで高齢者の将来人口推計を見てみましょう。

　数年前から、特殊合計出生率の低下によって我が国の将来人口推計が発表され、当面の話題は2025年問題、すなわち65歳以上の高齢者人口が3,500万人を突破することによる医療費等の福祉予算の増大が財政を逼迫させる懸念についてです。75歳以上の後期高齢者人口も2026年段階で2015年と比べて首都圏175万人、中部圏で80万人、全国で520万人も増えます。

　後期高齢者の要支援、要介護必要者比率は45％程度と目され、認知機能に何らかの問題を生じている割合は20〜30％と推計されています。また、それ以上に問題となりそうなことは認知能力の低下、すなわち契約行為の能力問題です。

　図表6は、総務省所管の国立社会保障・人口問題研究所（社人研）「日本の将来推計人口（平成29年推計）」より抜粋しましたが、2018年の70歳以上人口2,624万人が、2030年で2,969万人、2040年3,013万人、2050年3,159万人ですが、80歳以上人口がほぼその増加分を飲み込んでいます。2018年から2050年までで530万人増ですが、80歳以上が500万人増との推計が出ています。

　このように高齢者人口が急増していくなかで、医療費を含めて社会保障費の見直しが検討されていますが、筆者の考える最重要課題は、2020年の80歳以上人口の30〜40％程度は契約行為などに支障を来す認知機能の衰えの発生が懸念され、高齢者ほど資産背景が大きくなっていく

図表6　出生中位推計

年　次	総人口:1,000 人	70 歳以上	80 歳以上	90 歳以上
2018 年	126,177	26,240	11,065	2,205
2020 年	125,325	27,953	11,609	2,463
2030 年	119,125	29,693	15,688	3,634
2040 年	110,919	30,131	15,780	5,313
2050 年	101,923	31,590	16,068	4,939
2060 年	92,840	29,669	17,736	5,620

出所：総務省統計局 HP より

ために、その資産活用などを含めた認知（契約行為）対策です。

　富裕層、高額所得者の高齢者比率が高いことを考えるとき、現状の後見制度では、その金融資産は実質的に運用などが容易ではなく、動かせない資産として日本経済活性化の足かせにもなりかねないのではないでしょうか。

　また、不動産など遊休地を所有している高齢のお客様の認知能力にも非常に慎重な対応が求められます。後見人制度は契約能力が衰えた高齢者などの資産を守ることを目的としているため、売却、活用などの資産運用については扱いにくいものです。法定後見制度や任意後見制度が準備されていても、実際は顧客の資産活用などに対して何の効力も発揮できないに等しい状況が起こり得ます。

　まずは、顧客の高齢化による認知機能低下の可能性を考え、場合によっては民事信託（家族信託）などの知識も必要となってきます。民事信託で信託財産を特定の範囲で設定し、委託者と受益権を高齢化した顧客に設定することにより、受託者である家族と信託監督人によって適切な運用を図り、フレキシブルな対応が可能になるよう設定しておくことが望まれます。また、身上監護に任意後見制度を活用するなど、高齢化した顧客の将来を考えた対応が必要となります。

75 歳以上の後期高齢者は先述の通り金融資産、不動産資産を多く所有しており、認知能力低下による資産凍結の可能性は、昨今の重要テーマとなりつつある金融ジェロントロジー（老年学）の観点からも重要です。また、複雑な金融商品の検討、購入などは健全な意思能力のある健常者においても理解しにくい内容が多く、ましてや認知能力が低下した高齢者に多種多様な金融商品を買ってもらえなくなる事態が考えられます。さらに、預金の引出しなどの際にキャッシュカードの暗証番号すら入力できなくなることも考えないといけません。

　このように、高齢者ほど多くの金融資産等を所有しており、認知能力低下のリスクは時間（加齢）とともに増大していきます。

＜ピークを迎える医療介護ニーズ＞

　次の**図表7**は内閣官房・内閣府・財務省・厚生労働省　2018 年 5 月 21 日付けの、2040 年を見据えた社会保障の将来見通し概要に記載されている計画ベースによる社会保障給付費の見通しです。これによれば、高齢者人口がピークを迎える 2040 年頃を見据え、社会保障給付や負担の姿を幅広く共有するための議論の素材を提供するために、一定の仮定を置いたうえで将来見通しを作成しています。

　その試算結果の一つとして、現在全国の都道府県、市町村において、医療・介護サービスの提供体制の改革や適正化の取組みが進められています。そして、これらの取組みに係る各種計画（地域医療構想、医療費適正化計画、介護保険事業計画）を基礎とした計画ベースの見直しと、現状の年齢別受療率、利用率を基に、機械的に将来の患者数や利用者数を計算した「現状投影」の見通しを作成します。

　また、医療・介護給付費について 2 つの見通しを比較すると、医療では病床機能の分化・連携が進むとともに、後発医薬品の普及など適正化の取組みによって、入院患者数の減少や医療費の適正化が行われ、介護

図表7　社会保障給付費の見通し

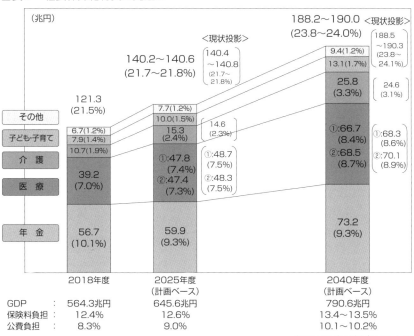

出所：厚生労働省 HP より

は地域のニーズに応じたサービス基盤の充実が行われることによって（出所：厚生労働省 HP より）、疾病や状態像に応じてその人にとって適切な介護・医療サービスが受けられる社会の実現を目指したものとなっています。

　このように、2025年に団塊の世代が75歳以上になる超高齢社会の医療介護のニーズが、2045年くらいまでピークを迎えることが見込まれている社会保障給付の見通しですが、このコストは全国の総額の比較で、身近な肌感覚としては、居住地域による差がそろそろ顕在化し始めたことです。国庫としての総額は政治問題であり、国家会計に影響を及ぼすため増税、目的税による財源の手当てといった医療経費収入増加の手当てと、医療費削減、薬価基準改定といった医療経費削減を同時に行うことになります。

<自治体で異なる高齢者人口>

　この高齢者人口増の問題は、場所と時間の関係が極めて局所的であることです。2020年現在の地方においては、コミュニティの崩壊が徐々に進んできていますが、そもそも我が国の地方では顔見知りのゆるい人間関係が存在していた町内会などの社会構成単位が連綿と続いていたなかで、時間をかけて人口減少、高齢化と進んできたため、比較的互助会気質を伴いコミュニティとして存在してきました。

　地方もこれから急速に人口減少と高齢化が深刻さを増していきますが、近隣自治体まで含め社会コミュニティの広がりにより、徐々に対処していく方法が検討できます。深刻なのは、現在においてなお人口が集中している東京などの大都市で、高齢者人口が急増しているにもかかわらずコミュニティそのものの基盤が弱いため、社会資本で対処せざるを得ないことです。

　人口の集中による高齢者人口急増のあおりを受けて、介護、看護難民となる高齢者が続出すると思われます。大都市圏の高齢者人口急増問題は、介護施設などの箱を準備する場所の問題と、介護人材などの人の問題が顕在化し始めています。医療福祉分野での就業者数の見通しも前述の将来見通しに記載されています（**図表8**）。

　このように、2018年度の総就業人口6,580万人の12.5％の823万人で医療福祉業界の就業者数が、2040年度は医療関係者の伸びはそれほど多くなく、介護人材として160万人強の不足が見込まれています。2040年の就業者全体に占める医療福祉業界の就業者割合は18.8％に上昇することになります。この就業者割合18.8％は基本的にその人件費は利用者負担と国、地方自治体など税金を財源とした支出となります。

<地域経済分析システム：リーサスの活用>

　自治体ごとに高齢化人口の推移が異なるため、その状況把握が容易と

図表8　医療福祉分野の就業者数の見通し

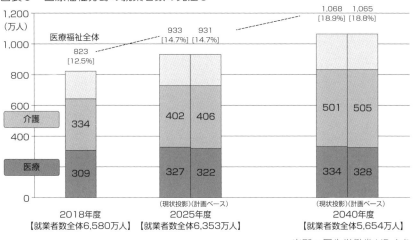

出所：厚生労働省HPより

なる内閣官房まち・ひと・しごと創生本部の「地域経済分析システム（RESAS：リーサス）」により各自治体単位での将来人口推計および構成比率などを比較することで、それぞれのいびつさが分かります。

　図表9は、一例として筆者の居住している愛知県日進市の人口推移予測を取り上げたものです。日進市は幸い人口構成の急激な変化はなさそうですが、都心部や周辺自治体などは、高齢者人口、特に後期高齢者人口の急激な変化が問題となることが多く、高齢者施設の入居困難さが大都市圏では顕著になってきます。

　皆さんの居住地や受け持ちエリアの特性把握のためにも、リーサスの活用をお勧めします。リーサスは自治体ごとの人口推移や経済圏状況などが細かく分かり、将来の小中学校の統廃合や病院の統廃合なども自治体ごとに異なるため、内閣官房のまち・人・しごと創生本部が自治体ごとのデータを開示したものですから、多方面に対して自治体ごとの取り組みが必要となってきます。このデータを民間が活用しない手はないでしょう。

図表９　リーサスによる愛知県日進市の将来人口推移予測

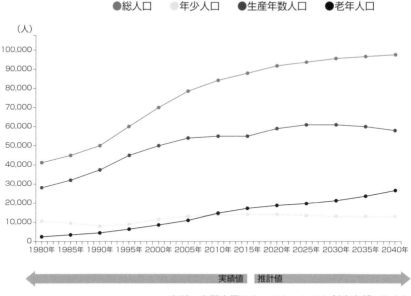

出所：内閣官房まち・ひと・しごと創生本部 HP より

＜一極集中問題の解決策＞

　ここで、高齢化率の上昇に伴い需要の高まる老人保健施設の準備期間が、都市部と地方によって大きく異なり、用地の問題などから都市部の老年人口の受入れ先として、地方に依存せざるを得ない状況が発生すると考えられます。地方の老人福祉施設用地の確保が一時期に集中することが予測され、場合によっては市街化調整区域の線引き見直しなどが必要になってきます。

　高齢者の人口増による新たな一極集中問題は、東京圏などの人口が流入している自治体は域内の老人施設不足に伴い、地方部に受入れを依頼することになるため、都市部自治体から地方自治体への手間暇代の交付コストの発生も予想されます。また、介護人員確保のための外国人材受入れ制度のさらなる詳細設計と、場合により外国人居留地区として大規模団地などを活用するなど共存手法の構築や、介護給付費用の税金投入

なども必要になってくると考えられます。

　厚生行政の費用増大の一因になっている新薬の薬価設定問題においても、新薬の占める薬価格全体に対するウエイトは非常に重く、薬価削減は後発医薬品の使用奨励なども合わせて、重要なテーマになっています。また、医療費総額抑制の観点からも大学病院などの高度急性期医療病床の効率的な活用による削減、病院病床ピラミッドの再構築を掲げて地域包括ケアシステムを整備し、その完成目標年を2025年としています。

＜医療・介護サービスの方向性＞

　次の図表10は平成23年6月の厚生労働省「医療・介護に係る長期推計」からの抜粋ですが、国の社会保障国民会議における2025年頃までの目指すべき改革の方向性は、次のようなものです。

　このなかで、特に金融マンに気に留めておいてもらいたいのは、次の

図表10　目指すべき改革の方向性

○概ね今後15年間で（令和7（2025）年頃までに）、現在指摘されている課題を解決し、機能分化と連携により、重層的・一体的に住民を支える医療・介護サービス体系を構築。

【改革の具体的な方向性】

・医師確保、介護職員等の人材確保と資質の向上

・病院・病床の機能分化・強化・専門職種間の協働と役割分担

・在宅医療体制の強化・地域包括ケアシステムの確立

・認知症ケアに対する体制の強化、介護予防・重症度予防　など

【改革による国民のQOLの向上】

・急性期医療における医療資源の集中投入、亜急性期・回復期や慢性期におけるケアやリハビリ、地域移行支援等の機能強化とサービスの整備による、回復・地域生活への復帰の道筋の明確化

・居住系サービスや在宅医療・介護サービスの一層の充実、医療と介護の連携強化による、ニーズに応じた医療・介護サービスを一体的に受ける地域ケア体制の整備

出所：厚生労働省HPより

2点です。
　①在宅医療体制の強化・地域包括ケアシステムの確立
　②居住系サービスや在宅医療・介護サービスの一層の充実、医療と介護の連携強化による、ニーズに応じた医療・介護サービスを一体的に受ける地域ケア体制の整備

　現在の医療病床（病院）のあり方は、一般病院（大学病院を含む）の一般病床のなかに高度急性期、一般急性期、亜急性期・回復期が混在しているため、医療・介護提供体制が必ずしも効率的で最適なサービス提供体制になっておらず、一方で過剰医療が生じ、ひいては医療費総額抑制にも効果的ではないと考えられます。

　そこで、**図表11**のような医療・介護機能再編の具体的な改革イメージが方向付けられました。ここには2025年の構築に向けた終着点が示されています。この流れのなかで施設から地域へ、医療から介護へと方向性が示され、介護体制整備、高齢者住居整備などに厚生労働省の補助金などが多く使われることになります。そして、そのすそ野を受け持つ地

図表11　医療・介護機能再編の方向性

【2011(H23)年】　　　　　　【2015(H27)年】　　　　　　【2025(R7)年】

一般病床（107万床）
　医療提供体制改革の課題　医療機能分化の推進
　○急性期強化、リハ機能などの確保・強化など機能分化・強化
　○在宅医療の計画的整備
　○医師確保策の強化　　など
　報酬同時改定（2012）の課題　医療・介護の連携強化
　○入院〜在宅に亘る連携強化
　○慢性期対応の医療・介護サービスの確保
　○在宅医療・訪問看護の充実　など

療養病床（23万床）
介護療養病床
介護施設（92万人分）
居住系サービス（31万人分）
在宅サービス
　介護保険法改正法案　地域包括ケアに向けた取組
　○介護療養廃止6年（2017(H29)年度末まで）猶予
　○24時間巡回型サービス
　○介護職員による喀痰吸引　など

（高度急性期）
（一般急性期）一般病床
（亜急性期等）
長期療養（医療療養等）
介護療養病床
介護施設
居住系サービス
在宅サービス

○機能分化の徹底と連携の更なる強化
○居住系、在宅サービスの更なる拡充と連家の更なる強化
など

高度急性期
一般急性期
亜急性期
長期療養
介護施設
居住系サービス
在宅サービス
地域に密着した病床での対応
相互の連携深化

「施設」から「地域」へ・「医療」から「介護」へ

医療・介護の基盤整備・再編のための集中的・計画的な投資

出所：厚生労働省HPより

22

域の「かかりつけ医」の充実も重要課題になります。

　具体的な医療・介護機能再編のイメージは、病院・病床機能の役割分担を通じてより効果的効率的な提供体制を構築するため、「高度急性期」「一般急性期」「亜急性期」など、ニーズに合わせた機能分化・集約化と連携強化を図る。併せて地域の実情に応じて幅広い医療を担う機能も含めて、新たな体制を段階的に構築する。医療機能の分化・強化と効率化の推進によって高齢化に伴い増大するニーズに対応しつつ、概ね現行の病床数レベルの下で高機能の体制構築を目指すとしています

　また、医療ニーズの状態により医療・介護サービスの適切な機能分担をするとともに、居住系、在宅サービスを充実するとしています。

　この流れの中で「施設」から「地域」へ、「医療」から「介護」へと方向性がイメージ付けられ、介護体制整備、地域の「かかりつけ医」の整備などが重要と認識されるようになりました。このような人口構成の変化、厚生行政の費用増大などの対応策として、厚生労働行政の最重要課題とされるのが地域包括ケアシステムの構築となります。このシステムについては第4章で説明します。

遊休不動産活性化の基礎知識

1. 不動産の種類とそれにまつわる権利

　第1章では、遊休不動産の活性化を解説する前に不動産の基本的な知識について簡単に説明していきます。

＜不動産の所有にかかわる権利＞
　不動産とは、土地およびその定着物である、と民法に記載されています。定着物とは建物、立木を指し、それぞれ別の不動産として取扱います。土地のみで活用している場合は、駐車場、資材置き場、田畑、その他で活用され、土地上に建物を建てた場合は、居住用、商業用、工場等産業用、公共用、その他となります。

　また所有にかかわる権利関係は所有権と借地権に分かれ、**図表1-1**のようになります。

図表1-1　不動産の権利関係

	自用（自己使用）	賃　貸　用	
		賃貸している者	貸借している者
保有する権利	土地・建物ともに所有権	土地 所有権（貸宅地）	借地権 （地上権・土地賃借権）
		建物 所有権（貸家）	借家権 （建物賃借権）

　ここで、土地に対する権利で重要なのは「所有権」と「借地権」です。所有権は法令の制限内において、その所有者が自由にその不動産を使用、収益、処分できる権利です。土地の所有権はその地上と地下に及びますが無限に及ぶわけではありません。

　所有権には単独で所有しているケースと複数人で共有するケースがあります。複数人で所有するケースは共有と、区分の所有権があります。

所有権の中で共有所有権と区分所有権の違いは、抵当権設定などの成否が変わることです。

借地権は、建物所有を目的として土地に地上権を設定する権利です。借地権についても単独と共有の別があります。また、使用貸借権という借地料を払わずに土地を使用できる権利もあり、主に親族の所有土地を使用するようなケースで利用されます。

建物に対する権利も同様で、重要なのは「所有権」と「借家権」です。建物一棟に対して所有権と区分所有権があります。前者は一戸建ての住宅などに多く、後者はマンションや二世帯住宅など区分登記が可能な建物に多くあります。借家権は借地借家法の適用を受ける権利です。

＜不動産の所有にかかわる以外の権利＞

不動産を所有する権利以外の主なものとしては、賃借権、借地権、定期借地権、借家権、定期借家権、抵当権、根抵当権等があります。定期借地権・借家権とは、契約の更新がなく定められた期間で確定的に借地借家関係が終了します。

抵当権とは、抵当権者が債務者または物上保証人（連帯保証人の債務）から担保として提供された不動産について債務の弁済がなされなければ、他の所有者に対して優先的に弁済を受けることのできる権利です。

根抵当権とは、一定の金額の枠を定め、その金額の限度内（極度額）で資金繰りなど貸出残高が変動するケースに有効です。極度額と元本額は通常異なるため注意が必要です。土地などを担保として事業資金などを借り入れている例が多く、極度額の設定に応じて共同の物件を担保提供するケースもあり、共同担保目録を確認する必要があります。

不動産は登記することで、その所有権、借地権、抵当権などを確定させることができるわけですから、対象不動産の権利関係を確認することは最重要事項の一つとなります。

2．行政法規により規定される制限

＜都市計画区域と線引き＞

　都市計画法により、計画的な街づくりを行うための基本法として各種の制限があります。まず土地（不動産）は、都市計画法において都市計画法の規制を全面的に受ける「都市計画区域」と、原則としてその対象外とする「都市計画区域外」の2つに分かれます。

　もう一つ重要な区分けが、「線引き区域」と「非線引き区域」です。そのうちの「線引き区域」の中に「市街化地域」と「市街化調整地域」の2つがあります。市街化調整区域は基本的に建築は認められていませんが、例外的に下記のような建物は認められます。

　　・農林業の従事者の住居およびそれらの業務用建物
　　・市街化区域に近接する概ね50以上の建物が連たん（連なる）地域で、環境保全上支障のない一定のもの（いわゆる条例「既存宅地」を吸収）
　　・知事が開発審査会の議を経た20ha（場合により5ha）以上の一定の大規模住宅開発用地内の建築
　　・ガソリンスタンド・ドライブイン等沿線サービス施設で一定のもの
　　・特殊な用途の公共的な建物（場合による）

　これらのように、土地（不動産）はその所在する場所において、利用可能形態が異なるため、はじめに「都市計画図」を見て、その土地がどのような制限を受けるのかを確認しなければなりません。

＜用途地域と建築制限＞

　用途地域とは、土地上に建てることのできる建物の用途の規制です。その用途地域に規定されている用途以外の建物を建てることは禁止され

ています。建築制限の前に、土地は建物を建てて利用することに価値がありますから、接道義務について触れます。建築基準法43条には「建物を建築する敷地は、建築基準法に定める道路に2m以上接しなければならない」と規定されています（**図表1-2**）。

図表1-2　接道要件

・敷地が2m以上道路に接していること
・敷地が接している道路は建築基準法上の道路であること
　建築基準法上の道路とは、①昔からある道路で、道路幅員が4m以上のもの、②昔からあるが、道路幅員が4m未満しかない道路は「42条2項道路」と言われる
・近年設けられた幅員4m以上の道路で、役所の認定を受けたものは「位置指定道路」など

　不動産である土地には、都市計画法、建築基準法などの法令により、様々な制限がかかってきます。まず、土地に対しては都市計画法により、都市計画区域か都市計画区域外かに区分され、都市計画区域外は市街化調整区域か否かに大別されます。活性化が可能な不動産の多くは、都市計画区域内の市街化区域にあるものですが、市街化調整区域でも前述したように、例外的に建築が認められるものもあります。

　都市計画区域内には、用途地域別に建築制限が設定されています。この建築制限は大変重要で、後述する不動産活性化のメニューとして、建築可能な建物の範囲に連動するため、案件ごとに確認する必要があります。

　建築上の規制も建蔽率、容積率や北側斜線、道路斜線等の斜線制限、高度規制、日影規制などがあり、パートナーとなる建築業者とともに提案に際しては十分な注意が必要です。

　まず用途地域の制限についてですが、用途地域とは土地に建てることのできる建築物の用途についての規制で、ここで許可されている建築物以外は建てられません。土地の用途は大別すると、住居系、商業系、工

業系の３種類で、さらにいくつかに分類されます。

　図表１-３の用途地域と建築可能建物の一覧表で、例えば土地が住居系の第一種低層住居専用地域にあるとするなら、そこは低層（おおむね２階）の住居の専用地域のため、賃貸住宅を検討していたとしても、中高層マンションなどは建てることができず、基本的に一戸建てか、連棟長屋などの低層木造建築物になります。また、第一種中高層住居専用地域などでは商業的、工業的な建築物は規制の対象となるため、居住用マンションなどが多くなる傾向にあります。

　それぞれの用途地域で建築できる建物を覚える必要はありませんが、制約がかかることは覚えておいてください。また、2018年4月1日に田園住居地域が追加されています。

＜建蔽率と容積率＞

　また、建築上の法規制に「建蔽率」と「容積率」があります。これらはともに敷地に対する建物の規模（大きさ）を規制するもので、建蔽率とは敷地面積に対する建築面積の割合、容積率とは敷地面積に対する建物の延べ床面積の割合です。容積率についてはさらにその敷地の前面道路の幅員により規制されます。

　容積率と前面道路の幅員との関係ですが、その敷地に接する道路（前面道路）の幅員が12ｍ未満の場合、敷地上に建築できる建物の延床面積は、この幅員によって制限されます。例えば住居系の用途地域では、幅員（ｍ単位）に0.4を乗じた数値と、指定されている容積率との小さい数値がその敷地の容積率とされます。

　＜住居系の用途地域：第一種中高層住居地域、準住居地域、第一種住居地域など＞

・道路幅員（最大のもの）× 0.4 ＞指定容積率の場合⇒指定容積率

・道路幅員（最大のもの）× 0.4 ＜指定容積率の場合⇒道路幅員 × 0.4

図表１-３　用途地域別の建築上の制限

○：建てられる用途
×：原則として建てられない用途
①、②、③、④、▲、■：面積、階数などの制限あり

	第一種低層住居専用地域	第二種低層住居専用地域	第一種中高層住居専用地域	第二種中高層住居専用地域	第一種住居地域	第二種住居地域	準住居地域	田園住居地域	近隣商業地域	商業地域	準工業地域	工業地域	工業専用地域	用途地域の指定のない区域※
住宅、共同住宅、寄宿舎、下宿	○	○	○	○	○	○	○	○	○	○	○	○	×	○
老人ホーム、福祉ホーム等	○	○	○	○	○	○	○	○	○	○	○	○	×	○
老人福祉センター、児童厚生施設等	▲1	▲1	○	○	○	○	○	▲1	○	○	○	○	○	○
公共施設・学校等：小学校、中学校、高等学校	○	○	○	○	○	○	○	○	○	○	○	×	×	○
公共施設・学校等：病院、大学、高等専門学校、専修学校等	×	×	○	○	○	○	○	×	○	○	○	×	×	○
公共施設・学校等：神社、寺院、教会、公衆浴場、診療所、保育所等	○	○	○	○	○	○	○	○	○	○	○	○	○	○
店舗等：店舗等の床面積が150㎡以下のもの	×	①	②	③	○	○	○	①	○	○	○	○	④	○
店舗等：店舗等の床面積が150㎡を超え、500㎡以下のもの	×	②	③	○	○	○	○	■	○	○	○	○	④	○
店舗等：店舗等の床面積が500㎡を超え、1,500㎡以下のもの	×	×	×	③	○	○	○	×	○	○	○	○	④	○
店舗等：店舗等の床面積が1,500㎡を超え、3,000㎡以下のもの	×	×	×	×	○	○	○	×	○	○	○	○	④	○
店舗等：店舗等の床面積が3,000㎡を超えるもの	×	×	×	×	×	○	○	×	○	○	○	○	④	○
事務所等：事務所等の床面積が1,500㎡以下のもの	×	×	×	▲2	○	○	○	×	○	○	○	○	○	○
事務所等：事務所等の床面積が1,500㎡を超え、3,000㎡以下のもの	×	×	×	×	○	○	○	×	○	○	○	○	○	○
事務所等：事務所等の床面積が3,000㎡を超えるもの	×	×	×	×	×	○	○	×	○	○	○	○	○	○
ホテル、旅館	×	×	×	×	▲3	○	○	×	○	○	○	×	×	○

備考
①：日用品販売店や、理髪店、建具屋等のサービス店舗等に限る。２階以下
②：①に加えて、物販店舗や、銀行の支店・宅地建物取引業者等のサービス店舗等に限る。２階以下
③：２階以下
④：物販店舗、飲食店を除く
▲1：600㎡以内
▲2：２階以下
▲3：3,000㎡以下
■：農産物直売所、農家レストラン等のみ

注：第二種住居地域、準住居地域、工業地域、工業専用地域、用途地域の指定のない区域については、大規模集客施設の床面積の合計が10,000㎡以内でなければならない。
※：市街化調整区域を除く。

出所：国土交通省ＨＰより

（0.6）× 100

＜その他の用途地域：商業地域、近隣商業地域、準工業地域など＞

・道路幅員（最大のもの）× 0.6 ＞指定容積率の場合⇒指定容積率

＜建築物の形状・高さに関する制限＞

　次に建築物の形状・高さに関する制限するものとして、**図表1-4**のように「道路斜線」、「北側斜線」等の制限があり、それらの制限を超えて建物を建築することはできません。また高さを規制するものとして、高度地区、日影規制、隣地斜線等の制限がありますが、建築物の建築計画はこれらすべてに適合する必要があります（**図表1-5**）。

　また、用途地域内における市街地の景観維持や土地の適正な高度利用を図るために、「高度地区」として建物の高さの最高限度や最低限度が定められている場合があります。

　主に土地の高度利用や不燃化を促進する商業地などを中心に指定される「最低限高度地区」と、建築密度が過大になりすぎる恐れのある住宅地などを中心に指定される「最高限高度地区」などがあり、行政ごとに

図表1-4　道路斜線・北側斜線の考え方

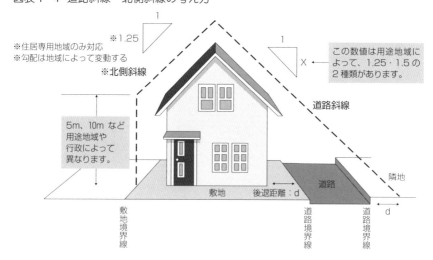

※住居専用地域のみ対応
※勾配は地域によって変動する

※1.25

※北側斜線

この数値は用途地域によって、1.25・1.5の2種類があります。

道路斜線

5m、10mなど用途地域や行政によって異なります。

隣地

敷地　後退距離：d

道路

d

敷地境界線

道路境界線

道路境界線

図表1-5　高度地区の規制（東京都の例）

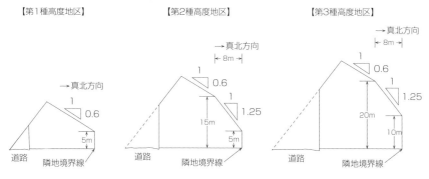

基準が定められています。

　なお、道路斜線、隣地斜線等の制限もある場合は、いずれか厳しい方の制限が適用されます。

＜土地区画整理事業とは＞

　土地区画整理事業とは、都市計画区域内の土地について、公共施設の整備改善および宅地の利用の増進を図るため、土地区画整理法で定められたところに従って行われる土地の区画形質の変更、および公共施設の新設または変更に関する事業のことです。2022年の生産緑地の指定解除に向けた動きの一つとして、この土地区画整理事業を活用する考えもあります（**図表1-6**）。

　また、2018年4月1日の法改正により用途地域の一つとして田園住居地域が新たに追加されたことは、生産緑地の指定解除に向けた一連の流れの中で生まれてきたものと言え、田園住居地域の活用エリアイメージは国土交通省HPに以下のように記載されています。

・市街化区域の縁辺部にある第一種低層住居専用地域など住宅地の中に農地が多く存在し、営農環境と住環境の調和を図るエリア

・立地適正化計画において住居誘導区域外となる区域で農地の開発や

図表1-6　土地区画整理事業の仕組み

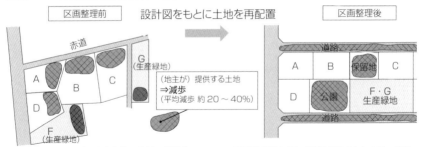

● 地権者の負担⇒土地の提供
・事業費（工事費、コンサルフィーなど）に充てるため、保留地の売却を行う。
保留地は、売買事例などをもとに価格を決定し、事業費に見合う分を確保する。

　スプロール化※を抑制し良好な住環境を維持するエリア

区画整理事業の施行者には、

・個人施行者

・土地区画整理組合

・区画整理会社

・都道府県や市町村

があります。

※スプロール（化）現象：都心部から郊外へ無秩序・無計画に開発が拡散していく現象のこと。

3．借地権の実務と取扱い

　新借地借家法が平成4年8月1日から実施されました。旧法と新法では次のような点で異なります（**図表1-7**）。

図表1-7 普通借地権の存続期間についての旧法・新法比較

		旧借地法		新　法	
		期間の定めがない	期間の定めがある	期間の定めがない	期間の定めがある
存続期間	堅固な建物	60年	30年以上	30年	30年以上
	非堅固な建物	30年	20年以上	30年	30年以上
存続期間	堅固な建物	30年	30年以上	第1回20年	第1回20年以上
	非堅固な建物	20年	20年以上	10年	10年以上
最初の契約日		平成4年7月31日以前		平成4年8月1日以後	

＜新法と旧法の違い＞

①普通借地権に関しての違い

・借地権の存続期間が期間の定めのあるなしや建物の堅固さにかかわらず、一律30年となった。

・契約を更新したのちの借地権の期間が短縮され、1回目の更新（20年以上）と2回目以降（10年以上）で期間が異なる。

・地主側から契約の更新を拒絶する場合に必要な「正当な事由」が、多少明らかになった。

・借地期間中に建物が滅失し、再築したときの規定が整備された。

②「定期借地権」が創設され、一定期間経過後には土地が返還される制度になった

・一般定期借地権（借地権の存続期間は50年以上）

・建物譲渡特約付き借地権（借地権の存続期間は30年以上）

・事業用借地権（借地権の存続期間は10年以上50年未満、平成19年12月31日以前の契約は10年以上20年以下）

③「自己借地権」の創設

④地代の増減を巡りトラブルが起こったとき、訴訟に先立って裁判所の調停を受けなければならなくなった（この制度は従来からの借地契約に対しても適用される）

このような点が改正されていますが、①の普通借地権に関しては平成4年7月31日以前に結ばれた借地契約には適用されず、旧借地法の規定が適用されます。

＜更新料支払いの損得＞

契約の更新に際して、地主から更新料の支払いを請求されることがあります。この更新料は払わなければならないのか払わなくてもよいのか、払う場合はいくらかが問題になります。

まず、契約書に更新料の支払いが記載されている場合は、原則として払う必要があります。また契約書に記載されていなくても、当事者が合意して授受するケースもあります。借地権者と地主とが合意した契約更新では、更新料を払うケースが多く見られます。一般的には、更新料を払うことで将来にわたり地主との良好な関係を維持することが望まれます。たとえ法定更新ができ法律上は不要でも、負担できる範囲で払っておく方が得策になる可能性が高いと言えます。

＜更新料の相場＞

そこで気になるのが更新料の相場です。参考として**図表1-8、1-9**のデータがありますが、これによれば、住宅地の場合は更新料の額は路線価に対して1〜10%程度までとばらつきが大きく、1年間の地代額を基準にしても1〜20倍とばらつきがあります。平均的な収束金額は路線価に対しては4%前後、年額地代に対しては3〜5年分が多くなっています。

図表 1-8 更新料の路線価に対する割合（東京都 23 区内）

更新料 / 路線価	商業地の場合	住宅地の場合
0〜3％未満	3 件	12 件
3〜4％未満	3 件	11 件
4〜5％未満	6 件	7 件
5〜6％未満	0 件	12 件
6〜8％未満	4 件	10 件
8〜10％未満	1 件	9 件
10％以上	4 件	8 件
合 計	21 件	69 件

※1 商業地 最低 2.27％〜最高 22.09％、比較的 3.66％〜4.86％が多い。
※2 住宅地 最低 1.88％〜最高 18.74％、比較的 3.19％〜5.87％が多い。
出所：日税不動産鑑定士会「継続地代の実態調べ」（平成 27 年 1 月 1 日現在）

図表 1-9 更新料の年額地代に対する倍率（東京都 23 区内）

倍率（更新直前地代）	商業地の場合	住宅地の場合
1 倍（年）< 3 倍（年）	4 件	5 件
3 倍（年）< 4 倍（年）	6 件	6 件
4 倍（年）< 5 倍（年）	3 件	9 件
5 倍（年）< 6 倍（年）	2 件	12 件
6 倍（年）< 7 倍（年）	2 件	7 件
7 倍（年）<10 倍（年）	1 件	20 件
10 倍（年）<20 倍（年）	2 件	7 件
20 倍（年）以上	1 件	3 件
合 計	21 件	69 件

※1 商業地 最低 1.78 年分〜最高 28.67 年分、比較的 3.10 年分〜3.85 年分が多い。
※2 住宅地 最低 2.13 年分〜最高 36.92 年分、比較的 4.06 年分〜5.93 年分が多い。
出所：日税不動産鑑定士会「継続地代の実態調べ」（平成 27 年 1 月 1 日現在）

＜承諾料の相場＞

　建替えで地主の承諾が必要な場合、承諾の条件として地代のアップや承諾料の支払いを要求されることがあります。承諾料は地主から必ず要

求されるわけではなく、また金額も決まっていません。建替えに対して承諾料が支払われるのは、事実上契約期間が延長され地主への土地の返還が伸びることや、土地の利用価値が上がることで、借地権設定当初の前提が変わるという理由からです。

実際に要求された承諾料に納得がいかないとき、あるいは建替えの承諾自体が得られないときは、裁判所に判断してもらいます。ただ、地主が提示した金額が妥当な水準以下であれば、裁判所への申立てはあまり意味がありません。基本は地主との話し合いで合意を見いだすことのため、常日頃から地主と良好な関係を構築しておくことが求められます。

冷戦状態の地主から納得しかねる承諾料の提示があったときなどは、地方裁判所に「借地非訟事件手続」を申し立てます。この申し出があると裁判所は状況を判断し承諾条件などを定め、必要なときは地主の代わりに建替えの許可を出します。もちろん、裁判所が決定を出す前に和解できるなら、それに越したことはありません。

和解や裁判による承諾料については、おおむね更地価格の3〜5％の水準が多いですが、次のような要素があると承諾料は高くなります。

①全面改築、建替えなどである
②建替えの結果、収益物件になる
③建替え前の建物が老朽化している
④借地契約の残存期間が短い
⑤堅固な建物に近い構造になる（堅固な建物に変わるときは、条件変更の承諾および承諾料が必要）
⑥従来よりも床面積が大幅に増大する（建物の効用が大幅にアップする場合）

いずれにしても、借地権の場合はまず借地契約書の有無を確認します。借地契約書がある場合、借地期間中に建替え等を進めるには地主の承諾が必要か否かの確認をとります。また、旧借地法では建物の堅固の差に

より期間が異なるため、木造などからコンクリートなどの建物に条件変更するケースについても、地主の承諾が必要となります。

＜共有名義の建物の建替え＞

借地権者と建物の名義人が異なるとか、すでにその場所に住んでいない人と共有名義になっているなどの場合は整理が必要になります。そこで、売買登記、贈与登記、相続登記のいずれかにより、名義を自分および家族に一本化することになります。

＜借地権と底地との交換＞

借地権では建物の売却、増改築、建替えなどの際はその都度地主から承諾を得なければなりません。借地は土地を所有している場合と比べ、何かと不自由が多いのが現実です。しかし、借地権のある土地（底地）が自由にならないのは地主も同じです。

そこで底地を活用する方法には、大きく分けて、借地権と底地権の交換、借地権の購入、底地権の売却、借地権と底地権の売却の4つがあります。ここではまず、借地権と地主が所有する底地を交換し、借地関係を清算する方法について説明します。

通常は借地として利用していた一部を返還し、その部分の所有権を取得します。面積は交換前の50〜60％になりますが、所有権になれば自由に建替えや売却が可能になります。

借地権と底地の交換において、以下の条件を充たす場合は、売却益に対する譲渡税がかかりません。

・交換後も同じように宅地として利用する
・交換した翌年に所得税を申告する

ただ、借地権と底地の交換割合を調整するなどのために清算金を受領したときは、その清算金部分に税金がかかります。また、清算金が多額

になり、次のいずれも充たしていると借地権価格全体に対して税金がかかるので注意が必要です。

・清算金／借地権価格＞20％

・清算金／底地価格＞20％

なお、借地権の代わりに土地を取得するため、不動産取得税、登録免許税は通常通りかかります。

＜底地の購入＞

底地は交換だけでなく購入についても考えられます。底地の購入価格算定には、更地価格に対する借地権割合（当事者間で合意した割合＝通常60％程度）を加味して算出されます。自宅を建てる場合などには、次のような軽減措置があります。

・不動産取得税の税率が4％から3％に
（2021年3月31日まで）

・次の金額を税額から控除が可能
土地の1㎡当たりの固定資産税評価額×1／2×住宅の床面積の2倍（200㎡が限度）×3％

4．不動産活性化のメニュー

資産を活用する際に大切なことは、総資産を見直し次世代まで視野に入れて再構築を図る姿勢です。たとえば、保有コスト以上の事業収益を上げているか、相続時に遺産分割、納税を円滑にできる状況か、先代から底地、借地、共有地の権利関係を放置したままでないかなど、問題や悩みを直視します。

所有により総資産を圧迫する「負の遺産」は、思い切って売却や買い替えを行い、権利関係の調整など柔軟に進めます。何はともあれ総資産

の見直しから所有不動産の活性化メニューを考えます。まず所有か売却か、土地のみで活用するか、土地に建物を建築し賃貸するか、を考えることになります。

　一般的に、活用するとなると所有地に賃貸物件を建てることを意味することになります。一時的もしくは短期的な活用メニューとして、車の洗車場や、コインランドリー、レンタル倉庫などもありますが、本書の主とする活用方法は中長期を前提としていますので省略します。

　賃貸物件としての活用には大きく分けて、「住居系活用」、「医療・介護・文教系活用」、「商業施設系活用」の3種類に分類されます。住居系活用にはアパート、マンションの共同住宅、戸建て賃貸住宅があり、相続税対策と固定資産税減免措置などに優れます。住居系賃貸物件活用は家賃設定と近隣ニーズによって収益性と流動性は変動します。

　医療・介護・文教系活用は地域貢献の意味合いも兼ねるケースもあり開業希望医師、社会福祉法人などの運営事業者の選定と、自治体の補助金や、固定資産税の優遇措置の有無などに影響されます。商業系施設はテナントビル、コンビニエンスストア、ロードサイド型店舗など、収益性は高くなりますが賃料が景気動向やテナント業種に影響を受けやすくなります。

　基本的な考え方としては、保有コストとの見合いがポイントになります。保有コストは、現状のものと将来コストがアップする可能性も考慮します。保有コストの高い土地は、早期に売却して納税資金に充当したり、事業用の資産に組み替えておくことが肝要です。

　特に老朽化してきた木造の賃貸住宅などは、今後、保有コストの上昇が見込まれるため、売却して組み替えを検討する必要があります。不動産活性化メニューとしては、住居系（賃貸アパート、戸建て賃貸住宅、賃貸マンションなど）、医療系（医院関係賃貸、保育所等、介護施設高齢者向け施設）、商業系（テナントビル、ロードサイド型店舗、大規模

商業施設）、土地賃貸（駐車場、定期借地権事業）、その他などに大別されますが、それぞれ異なる特徴があります。

　各々のケースについて収益性、相続税対策の有効性、保有税（固定資産税の減免）、流動性（相続財産分割可能性）などを踏まえ活用形態を検討していくことになります。

5．遊休地に関する顧客情報の収集方法

　金融機関は、常日頃から遊休不動産を所有する顧客の情報収集をしていると思いますが、金融機関の営業職員がいかに預金者である顧客から不動産活用情報（依頼）を入手できるかは、顧客の持っている情報より広範囲でレベルの高い情報を持っていると気づいてもらえるようにする必要があります。

　遊休地を所有する富裕層は、一般に所得税・相続税の動向や節税への関心が高いため、担当者に税の知識があることをＰＲするために、相続診断協会の「相続診断士」や、日本証券アナリスト協会の「ＰＢ（プライベートバンキング）コーディネーター」などの資格を名刺に刷り込んでおくのはよい方法です。

　金融機関の担当者が、顧客の所有する遊休地の有効活用についての資料を常時携帯し、その内容を２～３ヵ月ごとに更新し、絶え間なく情報発信することで、顧客からの依頼を得られるようになります。そのため、筆者の所属していたハウスメーカーなどから講師の派遣を依頼し、支店単位で30分から１時間程度の勉強会を継続的に実施している金融機関も数多くあります。

　勉強会の開催については、一般的な有効活用メニューの認知目的の場合と、目的が保育所、介護事業や医院開業支援であれば、専門性の高いメンバーで構成しています。たとえば会計事務所、医療機器メーカー、

院外薬局チェーンなどです。

　その際、金融機関の支店所在エリアにおいて、優位性を発揮できる活用形態は時間軸とともに移り変わっていきますから、勉強会の実施者はエリア特性を把握していることが重要です。一例をあげるなら、保育所に対する補助金の有無や固定資産税の減免の有無、介護施設や医療施設は人口比や来院患者数予測が運営事業者の収益を圧迫しますから、開業適地の陣取り合戦になることが考えられます。

　一般的な有効活用メニューの勉強会では、建築予定地の用途地域把握に始まり、一般的な活用メニューの賃貸住宅市場調査、医院開業等の医療関係診療圏調査、認可保育所、介護事業所などについての特徴を理解していただき、診療圏調査などは開業支援を主に扱う会計事務所や税理士事務所、またはチェーン薬局や医療機器販売会社などのホームページなどでも簡易に閲覧できるケースが多々あることを紹介します。

　認可保育所などへの補助金の有無や固定資産税の減免の有無は自治体の児童福祉課や厚生課、資産税課などのホームページ上でも確認できま

図表1-10 配棟案別収支比較表（1,500㎡、建ぺい率/容積率＝60/200の住居地域と仮定）

	6棟20戸 一部3階建 賃貸住宅	賃貸(3棟11戸)+保育所	2科目1調剤 (診療圏2施70坪、薬局1棟20坪)	介護系施設 (50床程度)	保育所+医院1科+薬局
総工費概算 (建築 設備別途含む)	300,000,000 円	240,000,000 円	210,000,000 円	500,000,000 円	210,000,000 円
借入額	300,000,000 円	240,000,000 円	210,000,000 円	500,000,000 円	210,000,000 円
自己資金	1,000,000 円	1,000,000 円	1,000,000 円	1,000,000 円	1,000,000 円
家賃収入 (年間)	賃料 26,400,000 円 (月額) 2,200,000	賃料 24,000,000 円 (月額) 2,000,000	賃料 19,200,000 円 (月額) 1,600,000	賃料 35,400,000 円 (月額) 2,950,000	賃料 21,600,000 円 (月額) 1,800,000
管理後収入	一般管理(5%)※一括借上(10%) 25,080,000 円/年	一般管理(5%)※一括借上(10%) 22,800,000 円/年	一般管理(5%)※一括借上(10%) 18,240,000 円/年	一般管理(5%)※一括借上(10%) 33,630,000 円/年	一般管理(5%)※一括借上(10%) 20,520,000 円/年
返済額	都度 (11,579,023) 円/年	(9,263,218) 円/年	(8,105,316) 円/年	(19,298,371) 円/年	(8,105,316) 円/年
維持管理費	600,000 円/年	600,000 円/年	600,000 円/年	1,200,000 円/年	800,000 円/年
固定資産税	軽減あり	軽減あり	軽減あり	軽減あり	
単純収入	12,900,977 円/年	12,936,782 円/年	9,534,684 円/年	13,131,629 円/年	11,614,684 円/年
月額	1,075,081 円/月	1,078,065 円/月	794,557 円/月	1,094,302 円/月	967,890 円/月
単純利回り (初年度)	8.80 %	10.00 %	9.14 %	7.08 %	10.29 %
特徴	戸数が多くなるほど空室リスクへの対応が必要 固定資産税の軽減のメリット	社会的ニーズにあった敷地活用計画 補助金の活用により高い利回りの運用	20年の長期にわたっての安定経営が見込める 事業スタートまで時間がかかる可能性あり	事業者との賃貸契約で安定性は高い 利回りだけでいうと高くはない	社会的ニーズにあった敷地利用計画 医療と保育の複合で双方にメリットがある

注)認可保育所は自治体により補助金等の制度があり、単純利回り（表面利回り）に大きく影響する場合がある。

す。遊休地所有者の顧客に金融機関サイドから提案できるメニューの開示をする、顧客に興味を持っていただくための一義的な知識の習得を短時間でまとめます。

このように、お客様に多方面からの検討の下に最適な提案ができることを納得していただくために、顧客発掘用に業務メニューの要点をまとめ、一例として個別の案件の事例については表面利回りが掲載されている資料を常時携帯しておくことが重要です（**図表** 1 -10）。

■第2章■

遊休不動産活性化による
相続税対策

1. 相続税の基本と相続税対策

　遊休不動産を保有する資産家の多くは、相続対策について共通の悩みを抱えています。そこで第２章では相続税について考えていきます。

　相続税は、死亡した人の財産を相続や遺贈により取得した人にかかる税金です。また、財産を贈与により取得すると贈与税がかかりますが、贈与税は相続税の補完税ともいわれ、相続税と比較すると課税最低限が低いうえに税率が高く税負担が重くなっています。

　このように、相続や遺贈、贈与によって取得した財産には相続税や贈与税がかかるため、所得税の対象にはなりません。

　相続税には基礎控除の制度があり、正味の財産がこの基礎控除以下のときは申告の必要がありません。この基礎控除額は、次の算式で求めることができます。

「3,000万円＋600万円×法定相続人の数」

　そのため、たとえば配偶者と子供２人が相続人とすると、次の通り4,800万円が基礎控除額となります。

「3,000万円＋600万円×３人＝4,800万円」

　遺産総額から負債総額を引いたものから基礎控除額を差し引いた金額が、相続税の対象になります。

　また配偶者については、取得する正味の財産が１億6,000万円以下か法定相続分以下の、いずれか高い方の金額まで税額控除が設けられています。そのため、配偶者がいる場合（いわゆる１次相続）では、１億6,000万円以下または法定相続分以内の相続であれば、相続税は課されないわけです。つまり、相続税対策の大原則は相続財産の評価を下げる

ことに帰着します。相続財産は原則的には時価で評価しますが、土地、借地権、家屋などの不動産については特別な方法で評価します。

２．相続税の仕組み・評価と計算方法

＜相続人と相続分＞

①相続人

法定相続人とは被相続人の配偶者、子（養子含む）、直系尊属、兄弟姉妹などの血族相続人をいいます。死亡した人の配偶者は常に相続人となり、配偶者以外の人は、民法で定められた次の順序で相続人になります（**図表２-１**）。

図表２-１ 相続人の範囲

相続人の区分	順　位	相続人になる者
配偶者相続人	常に相続人になる	配偶者
血族相続人	第１順位	子（養子を含む）
	第２順位	直系尊属（父母、祖父母等）
	第３順位	兄弟姉妹

被相続人の子は第１順位の相続人になります。実子と養子、摘出子と摘出でない子の区別による差はありません。また、相続開始時に胎児であった者はすでに生まれたものとみなし、相続人となります。死産の場合は該当しません。

＜代襲相続＞

相続人となるべき者（被代襲者）が、相続開始時に死亡その他の事由により相続権を失っているとき、その者の直系卑属（代襲者）が、その者と同一順位で相続人になることをいいます。

②相続分

　法定相続分とは民法が定める相続分のことをいいます。遺言による指定がない場合は法定相続分によります。ただし、必ずこの相続分で遺産を分割しなければならないわけではありません（**図表2-2**）。

図表2-2　法定相続分

相続人	配偶者がいるとき	配偶者がいないとき
配偶者のみ	配偶者　1/1	―
第1順位	配偶者　1/2	子　　　　　1/1
第2順位	配偶者　2/3	直系尊属　1/1
第3順位	配偶者　3/4	兄弟姉妹　1/1

　配偶者がいないときは高順位の相続人で相続します。高順位の相続人がいないときは次順位に降りていきます。遺留分は法定相続分の半分ですが、兄弟姉妹には認められません。

＜相続税のかかる財産＞

　相続税は、相続や遺贈によって取得した財産が基礎控除額を超える部分（課税遺産総額）に対して課税されます。相続時精算課税を選択していた場合は、その分も相続税の対象となります。

　この場合、相続税の申告および納税が必要となり、その期限は、被相続人（亡くなった方）の死亡したことを知った日の翌日から10ヵ月以内となります。

①相続税のかかる財産

相続税のかかる財産は次のようなものです。

・土地…宅地、畑、田、山林など

・家屋…家屋、構築物など

・事業用財産…機械、器具、商・製品、原材料、農産物、売掛金など

・有価証券…株式、公社債、投資信託など

・現金など…現金、預貯金など

・相続開始前３年以内に被相続人から贈与を受けた財産

・生前に被相続人から相続時精算課税に係る贈与によって取得した財産

また、生命保険金、退職手当金などは相続税法上は「みなし相続財産」とされています。

②相続税のかからない財産（非課税財産）

また、次の財産は相続税がかからない非課税財産とされます。

・墓所、祭具…墓所、仏壇、祭具など

・寄付…国、公益法人等に寄付した財産

・生命保険金…法定相続人１人につき 500 万円まで

・退職手当金…法定相続人１人につき 500 万円まで

＜土地・建物の評価方法＞

相続税対策のためには、相続財産の評価を下げることが重要となります。なかでも、その影響が大きい土地（不動産）の評価方法について解説します。

土地は"一物四価"と言われるように、「実勢価格」「公示価格」「固定資産税評価額」「相続税路線価」といった４つの価格が存在します。土地について相続税を試算する際は、固定資産税評価額が基準になりますが、評価の方法は、次に説明する「路線価方式」あるいは「倍率方式」によります。

この場合、評価に使われる路線価および倍率は国税庁のホームページで閲覧することができます。また、建物については建物の固定資産評価額により評価します。

・路線価方式とは

宅地の面する路線に付された路線価（公示価格の約80％）を基とし、その宅地の形状等に応じて修正して価格を算出する評価方法で、市街地の宅地などはこの方法によります。

・倍率方式とは

固定資産税評価額（公示価格の約70％）に国税局長の定める倍率を乗じて算出する評価法で、主に路線価の定められていない郊外の宅地や農地、山林、別荘地などの評価に用いられます。

次に、それぞれの方式による評価の実際について解説します。

①路線価方式による評価

評価の対象となるのは次のようなものです。

・自用宅地…居住用宅地、自己の事業用地、遊休地、青空駐車場等
・貸宅地…借地権や地上権の設定されている宅地（通常底地という）
・貸家建付地…アパート用地、貸ビル用地等
・私道…通常の評価の30％で評価（公道に準ずるものは評価しない）
・借地…借りている土地
・転貸借地権…借地権者がさらに他に貸し付けている借地権
・転借権…借地権者からその借地権を借りている人の借地権
・貸家建付借地権…借地権者のアパート用地、貸ビル用地等

次に、対象の宅地がどの地区区分に該当するかを確認します。

・ビル街区
・高度商業地区
・繁華街地区
・普通商業・併用住宅地区
・普通住宅地区
・中小工場地区
・大工場地区

どの地区区分に該当するか、当該不動産の路線価図の表示で確認しま

す。そして地形、形状、道路付け等による補正には次のようなものがあ
ります。

・奥行価格補正（奥行に応じて価格を補正）

・側方路線影響加算（角地の評価に適用）

・二方路線影響加算（表と裏に路線があるときの評価）

・三方または四方路線加算

・間口狭小補正（袋地や間口の小さい宅地に適用）

・奥行長大補正（奥行の長大な宅地に適用）

・がけ地補正

・不整形地、無道路地、広大な宅地、法令の規制のある宅地等

次に、相続税評価額は次の式により算出します。

「1㎡当たりの評価×地積」

（地積は登記と実測が異なる記載となっていることがあるため、通常
は実測を用いる）

②倍率方式による評価

「当該宅地の固定資産税評価額×倍率（国税局長の定めたもの)」

固定資産税評価額は都、県税事務所や市町村役場の固定資産評価証明
書によります。

図表2-3に路線価方式による「自用宅地」「借地権」「貸宅地」「貸家
建付地」の計算例を示しましたので、参照してください。

・1㎡＝100万円

・借地権割合70％

・普通商業、併用住宅地区

・借家権割合30％

なお、当該の土地が事業用や居住用、貸付用に使っていた場合、一定

の要件を充たす事業用の土地は400㎡、居住用の土地は330㎡、貸付用の土地は200㎡までの部分は、評価額から事業用と居住用は80％、貸付用は50％が減額されます。（小規模宅地等の特例）

　このように、地形、道路付けなどによる補正が影響してきます。具体的には、小規模宅地等の特例要件などを含め、資産税、相続税に詳しい

図表2-3　路線価方式の計算例

■路線価方式の計算例

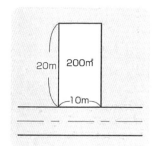

●1㎡＝100万円
●借地権割合70％
●普通商業・併用住宅地区
●借家権割合30％

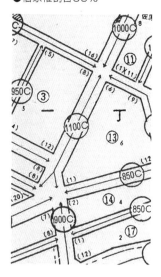

① 自用宅地の評価

●路線価／100万円
●奥行価格逓減／1.00
●1㎡＝100万円×1.00＝100万円
●相続税評価／100万円×200㎡＝2億円

② 借地権の評価（借地人の評価）

（借地権割合）
●1㎡＝100万円×1.00×0.70＝70万円
●相続税評価／70万円×200㎡＝1億4,000万円

③ 貸宅地（底地）の評価（地主の評価）

（注）
●1㎡＝100万円×1.00×0.30＝30万円
●相続税評価／30万円×200㎡＝6,000万円
（注）1－借地権割合（0.70）＝0.30（底地の割合）

④ 貸家建付地の評価（アパート用地、貸しビル用地等）

●1㎡＝100万円×1.00＝100万円
●借家権割合は30％となっていますので
借地権割合×借家権割合
100万円×（1－0.70×0.30）＝79万円
●相続税評価／79万円×200㎡＝1億5,800万円

税理士に相談することが重要です。

＜路線価図とは＞

路線価は、路線（道路）に面する標準的な宅地の１㎡当たりの価額（千円単位）のことであり、路線価が定められている地域の土地等を評価する場合に用います。路線価が定められていない地域については、その市区町村の「評価倍率表」を参照してください。

路線価図は地域のマップに情報が記された地図部分と、その上の説明

図表２-４　路線価図の例

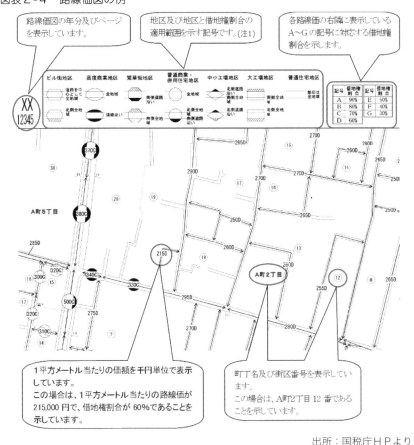

部分とでできています。説明部分の左右端には2行の数字があり、上には年、下には路線価番号が記されています（**図表2-4**）。

　説明部分の中央は、一番左が地区および地区と借地割合の適合範囲を示す記号の一覧、その右に各路線価の右隣に表示しているA～Gの記号に対応する借地権割合を示します。

＜地区区分＞

　地区区分では「ビル街地区」「普通住宅地区」等の区分を示しています。また、地図部分に記されている記号の「黒塗り」「斜線」等によって、詳細が示されています。

　（注）記号の上部または下部（路線の向きによっては右または左）が「黒塗り」または「斜線」で表示されている路線の地区区分は、次のとおりです。

- ・「黒塗り」の地区区分は「黒塗り」側の路線の道路沿いのみが該当します。
- ・「斜線」の地区区分は「斜線」側の路線には該当しません。
- ・「黒塗り」や「斜線」ではない「白抜き」の地区区分はその路線全域に該当します。

＜借地権割合の適合範囲＞

　記号に対する借地権割合の適合範囲は、次のとおりです。
　A:90%、B:80%、C:70%、D:60%、E:50%、F:40%、G:30%

＜地図部分＞

　地図には町丁名および街区番号を表示しています。街区番号は丸囲み数字で書かれています。例として「A町2丁目」と「12（丸囲み数字）」

であった場合には「A町2丁目12番」であることを示しています。

　地図に記載されている路線価は1㎡当たりの価額を千円単位で表示しています。また、その右隣に表示しているA～Gの記号が借地権割合を示します。例として「215D」と記載されている場合は、1㎡当たりの路線価が21万5,000円で、借地権割合が60%であることを示しています。

＜計算例＞

　①一路線に面する宅地

　普通商業・併用住宅地区で路線価地区区分での表記が「300C」であり、奥行距離が35m、かつ700㎡の土地（**図表2-5**）の場合の計算例は、前記の通りです。

図表2-5　一路線に面する宅地の例

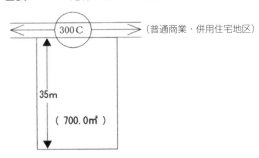

普通商業・併用住宅地区で路線価地区区分での表記が「300C」であり、奥行距離が35m、かつ700平方メートルの土地の場合の計算例

1：自用地の価額

（路線価）　　　　　　［奥行距離35mに応ずる奥行価格補正率］　　（1平方メートル当たりの価額）
300,000円　　×　　　　　　　0.97　　　　　　　　　＝　　　　291,000円

（1平方メートル当たりの価額）　　　　（地積）　　　　　（自用地の価額）
　　291,000円　　　　　×　　700平方メートル　＝　　203,700,000円

2：借地権の価額

（自用地の価額）　　　　（借地権割合）　　（借地権の価額）
203,700,000円　　×　　　70%　　　＝　　142,590,000円

②二路線に面する宅地

　普通商業・併用住宅地区で二路線に面している場合、路線の一つが路線価地区区分での表記が「300C」で、奥行距離が35 m、もう一つの路線が路線価地区区分での表記が「200C」で奥行距離が20 m、かつ700㎡の土地（**図表2-6**）の場合の計算例は、次の通りです。

＜小規模宅地等の特例＞

　相続または遺贈によって取得した財産のうちに、相続開始の直前において被相続人等（被相続人または被相続人と生計を一にしていたその被相続人の親族をいう）の事業の用または居住の用に供されていた宅地等で、建物や構築物の敷地の用に供されていたものがある場合には、相続

図表2-6　二路線に面する宅地の例

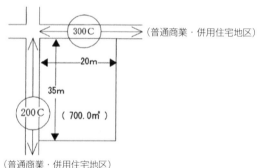

（普通商業・併用住宅地区）

（正面路線価）　　［奥行距離35mに応ずる奥行価格補正率］　　　（A）
　300,000円　×　　　　　　　0.97　　　　　　＝　291,000円

（A）　　　　（側方路線価）　　［奥行距離20mに　　　　［側方路線　　（1平方メートル
291,000円　＋（200,000円　×　応ずる奥行価格補正率］×　影響加算率］）＝　当たりの価額）
　　　　　　　　　　　　　　　　　　1.00　　　　　　0.08　　　　307,000円

（1平方メートル当たりの価額）　　　（地積）　　　（自用地の価額）
　　　307,000円　　　　×　700 平方メートル　＝　214,900,000円

（自用地の価額）　　　（借地権割合）　　（借地権の価額）
　214,900,000円　×　　　70%　　＝　150,430,000円

　　　　　　　　　　　　　　　　　　　　出所：国税庁ＨＰより抜粋

（注）平成30年分以降用の奥行価格補正率等により計算しています。

人等が取得したこれらの宅地等のうち、限度面積までの部分（小規模宅地等）について相続税の課税価格に算入するべき価格は、特例要件を充たす事業用宅地等の場合20％もしくは50％、特例要件を充たす居住用宅地の場合は20％になります。

　小規模宅地等の特例は**図表2-7**①、②、③の通り、事業用宅地等と居住用宅地等に分別され、各々特例要件は限度面積要件、適用要件など多岐にわたるため、相続税に造詣の深い税理士に相談しながら進めるようにしてください。

　ここで、相続時精算課税制度について説明します。

　この制度は、60歳以上の親または祖父母からの贈与により財産を取得した20歳以上の子または孫は、従来の暦年課税の適用に代えて2,500万円の範囲で、その人の選択により贈与時に取得した財産に対する贈与

図表2-7①

区分	相続開始直前の状況			要件	割合
事業用宅地等	被相続人等の事業の用に供されていた宅地等	不動産貸付業等以外の事業用	被相続人の事業用	「特定事業用宅地等」に該当する宅地等	20%
			被相続人と生計を一にする親族の事業用	「特定事業用宅地等」に該当する宅地等	20%
		不動産貸付業等の事業用		「特定同族会社事業用宅地等」に該当する宅地等	20%
				「貸付事業用宅地等」に該当する宅地等	50%
居住用宅地等	被相続人の居住の用に供されていた宅地等			「特定居住用宅地等」に該当する宅地等	20%
	被相続人と生計を一にする親族の居住の用に供されていた宅地等			「特定居住用宅地等」に該当する宅地等	20%

出所：国税庁ＨＰより

図表2-7②

特例の適用を選択する宅地等		限度面積
イ	・特定居住用宅地等 ・特定事業用宅地等又は特定同族会社事業用宅地等（以下「特定事業用等宅地等」といいます。） 特例を適用する宅地等のうちに、貸付事業用宅地等がない場合	特定居住用宅地等の面積の合計 ≦330㎡・ 特定事業用等宅地等の面積の合計 ≦400㎡ 合計730㎡
ロ	貸付事業用宅地等及びそれ以外の宅地等 特例を適用する宅地等のうちに、貸付事業用宅地等がある場合	特定居住用宅地等の面積の合計 $\times\dfrac{200}{330}$ + 特定事業用等宅地等の面積の合計 $\times\dfrac{200}{400}$ + 貸付事業用宅地等の面積の合計 ≦200㎡

出所：国税庁ＨＰより

図表2-7③

（※）　平成22年4月1日～平成26年12月31日に相続又は遺贈により取得した財産に係る相続税の計算における選択特例対象宅地等の面積の合計は、次の表のとおりとなります。

	特例の適用を選択する宅地等	限度面積
イ	特定事業用等宅地等	400㎡
ロ	特定居住用宅地等	240㎡
ハ	貸付事業用宅地等である場合	200㎡
二	選択特例対象宅地等が上記イ、ロ又はハのうちいずれか2以上に該当する場合	$A+\left(B\times\dfrac{5}{3}\right)+(C\times2)\leqq400㎡$

出所：国税庁ＨＰより

税を納付し、相続時にその贈与財産と相続財産を合計した価格をもとに計算した相続財産から、すでに納付した贈与税相当額を控除した額を相続税額とする制度です。

＜課税遺産総額の計算方法＞

　まず、相続や遺贈によって取得した財産（遺産総額）の価格と、相続

図表２-８ 課税遺産総額の計算

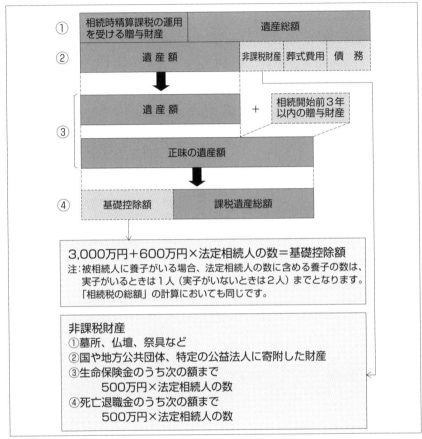

① 相続時精算課税の運用を受ける贈与財産 ／ 遺産総額

② 遺 産 額 ／ 非課税財産 葬式費用 債 務

③ 遺 産 額 ＋ 相続開始前３年以内の贈与財産

正味の遺産額

④ 基礎控除額 課税遺産総額

3,000万円＋600万円×法定相続人の数＝基礎控除額
注：被相続人に養子がいる場合、法定相続人の数に含める養子の数は、
　　実子がいるときは１人（実子がいないときは２人）までとなります。
　　「相続税の総額」の計算においても同じです。

非課税財産
①墓所、仏壇、祭具など
②国や地方公共団体、特定の公益法人に寄附した財産
③生命保険金のうち次の額まで
　　　500万円×法定相続人の数
④死亡退職金のうち次の額まで
　　　500万円×法定相続人の数

出所：国税庁ＨＰより

時精算課税の適用を受ける財産の価格を合計します。次にここから債務、葬式費用、非課税財産を差し引いて遺産額を算出します。

　遺産額に相続開始前３年以内の暦年課税に係る贈与財産の価格を加算して、正味の遺産額を算出します。そして遺産額から基礎控除額を差し引いて課税遺産総額を算出します（**図表2-8**）。

　基礎控除額は前述のとおり「3,000万円＋法定相続人数×600万円」で、正味の遺産額が基礎控除額を超えない場合は課税されません。

＜相続税額の計算方法＞

　次に、**図表2-10**に従って相続税額の計算方法を順に説明します。

　相続税額の計算に当たっては、課税遺産総額を法定相続分通りに取得したものと仮定して、それに税率（**図表2-9**）を乗じて法定相続人別に税額を計算することになります（**図表2-10**①）。

　①の税額を合計したものが相続税の総額になります（**図表2-10**②）。

　②の相続税の総額を実際の相続割合で按分します（**図表2-10**③）。

　③から配偶者の税額軽減や各種の税額控除を差し引くことで、実際に各人が納める税額が算出できます（**図表2-10**④）。

図表2-9　相続税の速算表

各法定相続人の取得金額		税　率	控除額
1,000万円以下		10%	—
1,000万円超	3,000万円以下	15%	50万円
3,000万円超	5,000万円以下	20%	200万円
5,000万円超	1億円以下	30%	700万円
1億円超	2億円以下	40%	1,700万円
2億円超	3億円以下	45%	2,700万円
3億円超	6億円以下	50%	4,200万円
6億円超		55%	7,200万円

出所：国税庁ＨＰより

　ここで、税額から差し引ける各種控除について説明します。

　①配偶者控除…配偶者が遺産分割や遺贈により取得した正味の遺産額が1億6,000万円までか、配偶者の法定相続分相当額までであれば、相続税はかかりません。

　②未成年者控除…相続人が20歳未満の場合は、20歳に達するまでの年数1年につき10万円が控除されます。

　③障害者控除…相続人が障害者の場合は、85歳に達するまで年数1

図表２-10 相続税の計算例

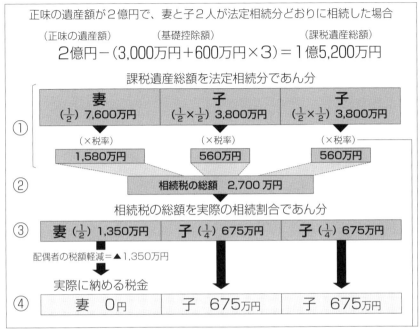

出所：国税庁ＨＰより

年につき 10 万円（特別障害者の場合は 20 万円）が控除されます。

　④暦年課税にかかる贈与税額控除…正味の遺産額に加算された「相続開始前３年以内の贈与財産」の価額に対する贈与税額が控除されます。

　⑤相続時精算課税にかかる贈与税額控除…遺産総額に加算された「相続時精算課税の適用を受ける贈与財産」の価額に対する贈与税額が控除されます。なお、控除しきれない金額がある場合は、申告することにより還付を受けることができます。

　このように、相続税がかかるかどうかの確認が必要です。そのために相続セミナーなどを開催した際は、まずはお客様自身に相続財産を把握する必要性を理解していただくことになります。次の**図表２-11** に、課税遺産総額と法定相続人の組み合わせごとの相続税の目安を記載したので参照してください。

図表2-11 相続税早見表（平成27年＝2015年に発生した場合）　　　（単位：万円）

遺産総額	法定相続人の構成					
	配偶者がいる場合（配偶者は1/2の財産を取得）			配偶者がいない場合		
	子供1人	子供2人	子供3人	子供1人	子供2人	子供3人
4,000万円	0	0	0	40	0	0
5,000万円	40	10	0	160	80	19
6,000万円	90	60	30	310	180	120
7,000万円	160	112	79	480	320	219
8,000万円	235	175	137	680	470	329
9,000万円	310	240	200	920	620	480
1億円	385	315	262	1,220	770	629
1.2億円	580	480	402	1,820	1,160	930
1.5億円	920	747	665	2,860	1,840	1,440
1.8億円	1,370	1,100	992	4,060	2,740	2,040
2億円	1,670	1,350	1,217	4,860	3,340	2,459
2.5億円	2,460	1,985	1,799	6,930	4,920	3,959
3億円	3,460	2,860	2,540	9,180	6,920	5,460
4億円	5,460	4,610	4,154	14,000	10,920	8,979
5億円	7,605	6,555	5,962	19,000	15,210	12,979
10億円	19,750	17,810	16,634	45,820	39,500	34,999

出所：国税庁ＨＰより

3．相続法の改正と主な改正点

　平成30年7月に相続法が大きく改正されました。この改正により、例えば、残された配偶者が安心して安定した生活を過ごせるようにするための方策などが導入されました。そこで、自分が亡くなったとき、あるいは家族が亡くなったときに生ずる相続に関して、どこがどのように変わったのか、そのポイントを紹介します。

＜相続に関する主な変更点＞

　配偶者居住権や自筆証書による遺言書の保管制度など、新たな制度が設けられました。相続に関するトラブルを防ぐために、民法では、誰が相続人となり、また、何が遺産にあたり、被相続人の権利義務がどのように受け継がれるかなど、相続の基本的なルールが定められています。この民法の相続について規定した部分を「相続法」といいます。

　相続法は、昭和55年（1980年）に改正されてから、大きな改正はありませんでしたが、高齢化の進展など社会環境の変化に対応するため、約40年ぶりに見直されました。

　今回の主な改正内容は次のとおりです。

・配偶者居住権を創設
・自筆証書遺言に添付する財産目録の作成がパソコンで可能に
・法務局で自筆証書による遺言書が保管可能に
・被相続人の介護や看病で貢献した親族は金銭要求が可能に

①「配偶者居住権」の創設（令和2年4月1日施行）
　配偶者居住権とは、配偶者が相続開始時に被相続人が所有する建物に住んでいた場合、終身または一定期間、その建物を無償で使用することができる権利です。

　これは、建物についての権利を「負担付きの所有権」と「配偶者居住権」に分け、遺産分割の際などに、配偶者が「配偶者居住権」を取得し、配偶者以外の相続人が「負担付きの所有権」を取得することができるようにしたものです。

　このように、配偶者居住権は、自宅に住み続けることができる権利ですが、完全な所有権とは異なり、人に売ったり貸したりすることができない分、評価額を低く抑えることができます。このため、配偶者は自宅に住み続けながら、預貯金などの他の財産もより多く取得できるように

図表2-12 改正前の相続イメージ

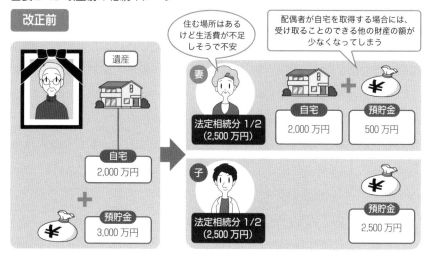

図表2-13 改正後の相続イメージ

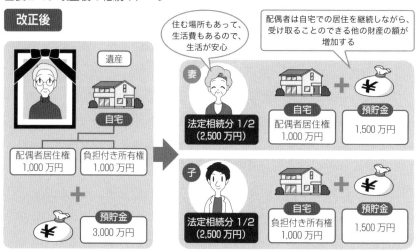

なり、その後の生活の安定を図ることができます（**図表2-12、2-13**）。

例：相続人が妻と子1人、遺産が自宅（2,000万円）と預貯金3,000万

円だった場合

妻と子の相続分＝1：1　妻2,500万円、子2,500万円

　なお、配偶者居住権を取得した場合、その財産的価値相当額を相続し

たものとして扱われます。

②自筆証書遺言に関するルールの変更（平成 31 年 1 月 31 日施行）

これまで自筆証書遺言は、添付する目録も含め、全文を自書して作成する必要がありました。その負担を軽減するため、遺言書に添付する相続財産の目録については、パソコンで作成した目録や通帳のコピーなど、自書によらない書面を添付することによって自筆証書遺言を作成することができるようになりました（**図表２-14**）。

図表２-14　自筆証書遺言のルール

③自筆証書遺言保管制度の創設（令和２年 7 月 10 日施行）

自筆証書による遺言書は自宅で保管されることが多く、せっかく作成しても紛失したり、捨てられてしまったり、書き換えられたりするおそれがあるなどの問題がありました。そこで、こうした問題によって相続をめぐる紛争が生じることを防止し、自筆証書遺言をより利用しやすくするため、法務局で自筆証書による遺言書を保管する制度が創設されました（**図表２-15**）。

④特別寄与料制度の創設（令和１年 7 月 1 日）

相続人ではない親族（例えば子の配偶者など）が被相続人の介護や看病をするケースがありますが、改正前には、遺産の分配にあずかること

図表2-15 自筆証書遺言保管制度の仕組み

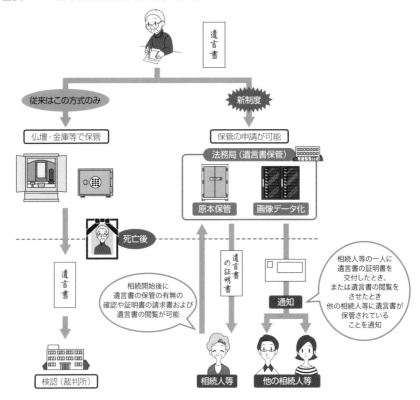

遺言書

従来はこの方式のみ

新制度

仏壇・金庫等で保管

保管の申請が可能

法務局（遺言書保管）

原本保管　画像データ化

死亡後

遺言書

相続開始後に遺言書の保管の有無の確認や証明書の請求書および遺言書の閲覧が可能

遺言書の証明書

通知

相続人等の一人に遺言書の証明書を交付したとき、または遺言書の閲覧をさせたとき他の相続人等に遺言書が保管されていることを通知

検認（裁判所）

相続人等

他の相続人等

はできず、不公平であるとの指摘がされていました。

　そこで、このような不公平を解消するために、相続人ではない親族も、無償で被相続人の介護や看病に貢献し、被相続人の財産の維持または増加について特別の寄与をした場合には、相続人に対し、金銭の請求をすることができるようになりました（**図表2-16**）。

＜その他の改正点＞

　今回の改正では、この他にも様々な方策が盛り込まれました。

①「配偶者短期居住権」の創設（令和2年4月1日施行）

　配偶者短期居住権は、配偶者が相続開始時に被相続人が所有する建物

図表２-16 特別寄与料制度の仕組み

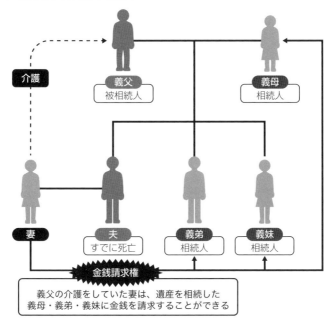

介護

義父
被相続人

義母
相続人

妻

夫
すでに死亡

義弟
相続人

義妹
相続人

金銭請求権

義父の介護をしていた妻は、遺産を相続した
義母・義弟・義妹に金銭を請求することができる

に居住していた場合に、遺産の分割がされるまでの一定期間、その建物に無償で住み続けることができる権利です。

　配偶者短期居住権は、被相続人の意思などに関係なく、相続開始時から発生し、原則として、遺産分割により自宅を誰が相続するかが確定した日（その日が相続開始時から６ヵ月を経過する日より前に到来するときには、相続開始時から６ヵ月を経過する日）まで、配偶者はその建物に住むことができます。

　また、自宅が遺言により第三者に遺贈された場合や、配偶者が相続放棄をした場合には、その建物の所有者が権利の消滅の申入れをした日から６ヵ月を経過する日まで、配偶者はその建物に住むことができます。

②配偶者が生前贈与を受けた居住用財産の取扱い（令和１年７月１日
　施行）

　結婚期間が20年以上の夫婦間で、配偶者に対して自宅の遺贈または

図表2-17 改正前の生前贈与のイメージ

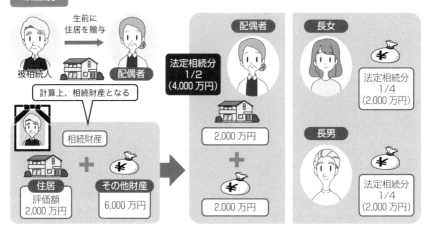

図表2-18 改正後の生前贈与のイメージ

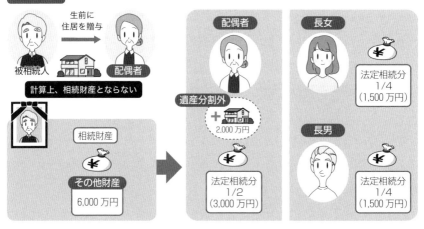

贈与がされた場合には、原則として、遺産分割における計算上、遺産の先渡し（特別受益）がされたものとして取り扱う必要がないこととしました。

　すなわち、改正前には、被相続人が生前、配偶者に対して自宅の贈与をした場合でも、その自宅は遺産の先渡しがされたものとして取り扱わ

れ、配偶者が遺産分割において受け取ることができる財産の総額がその分減らされていました。そのため、被相続人が、自分の死後に配偶者が生活に困らないようにとの趣旨で生前贈与をしても、原則として配偶者が受け取る財産の総額は、結果的に生前贈与をしないときと変わりませんでした。

　今回の改正により、自宅についての生前贈与を受けた場合には、配偶者は結果的により多くの相続財産を得て、生活を安定させることができるようになります（図表2-17、2-18）。

　③遺産分割前の相続預金の払戻し制度の創設（令和1年7月1日施行）

　改正前は、生活費や葬儀費用の支払い、相続債務の弁済など、お金が必要になった場合でも、相続人は遺産分割が終了するまでは被相続人の預貯金の払戻しができないという問題がありました。そこで、このような相続人の資金需要に対応することができるよう、遺産分割前にも預貯金債権のうち一定額については、家庭裁判所の判断を経ずに金融機関で払戻しができるようになりました。

4．贈与税の仕組みと計算方法

　贈与税は個人から個人が財産をもらったときにかかる税金です。会社などから財産をもらったときは、贈与税ではなく所得税がかかります。贈与税の課税方法には、「暦年課税」と「相続時精算課税」の2つがあり、一定の要件に該当する場合に「相続時精算課税」を選択することができます。

　贈与税は1月1日から12月31日までの1年間に贈与を受けた財産の合計額から基礎控除額の110万円を差し引いた残りの額に対してかかります。したがって、1年間にもらった額が110万円以下の場合、贈与税はかかりません。

贈与を受けた年の1月1日において20歳以上の受贈者が、父母や祖父母などの直系尊属から贈与により財産を取得した場合、贈与税額の計算に当たっては贈与税の特例贈与財産用の速算表（**図表2-19**）により計算します。特例贈与財産以外の贈与財産については、一般贈与財産用の速算表（**図表2-20**）により計算します。

＜暦年課税と計算方法＞

　次に贈与税額の計算について見ていきます。1年間（1月1日から12月31日）に贈与を受けた財産の価格の合計額（課税価格）から、基礎控除額110万円を差し引いた残額について、①または②の計算方法により、贈与税の速算表を基に贈与税額を計算します。

　①贈与を受けた年の1月1日において20歳以上の受贈者が父母や祖父母などの直系尊属から贈与により財産を取得した場合、その財産に係る贈与税額の計算に当たっては、贈与税の速算表（特例贈与財産用）により計算します。この特例贈与財産用の速算表により計算する財産を「特例贈与財産」といいます。また、その財産に適用される税率を「特例税率」といいます。

　具体的な計算方法は、贈与財産の価額が500万円とした場合、次のようになります。

・**課税価格**　500万円－110万円（基礎控除）＝390万円
・**贈与税額**　390万円×15%（税率）－10万円（控除額）＝48.5万円

　②特例贈与財産以外の財産贈与については贈与税の速算表（一般贈与財産用）により贈与税額を計算します。この一般贈与財産用の速算表により計算する財産を「一般贈与財産」といいます。また、その財産に適用される税率を「一般税率」といいます。

　贈与財産が500万円の場合の計算方法は次の通りです。

・**課税価格**　500万円－110万円（基礎控除）＝390万円

・贈与税額　390万円×20%（税率）－25万円（控除額）＝53万円

図表２-19 贈与税の速算表（特例贈与財産用）

課税価格		税 率	控除額
	200万円以下	10%	―
200万円超	400万円以下	15%	10万円
400万円超	600万円以下	20%	30万円
600万円超	1,000万円以下	30%	90万円
1,000万円超	1,500万円以下	40%	190万円
1,500万円超	3,000万円以下	45%	265万円
3,000万円超	4,500万円以下	50%	415万円
4,500万円超		55%	640万円

図表２-20 贈与税の速算表（一般贈与財産用）

課税価格		税 率	控除額
	200万円以下	10%	―
200万円超	300万円以下	15%	10万円
300万円超	400万円以下	20%	25万円
400万円超	600万円以下	30%	65万円
600万円超	1,000万円以下	40%	125万円
1,000万円超	1,500万円以下	45%	175万円
1,500万円超	3,000万円以下	50%	250万円
3,000万円超		55%	400万円

＜相続時精算課税と計算方法＞

　相続時精算課税制度とは、生前贈与を行いやすくすることで、次の世代に財産を早目に移すことを目的とした制度です。具体的には、60歳以上の父母や祖父母から推定相続人である直系卑属である子や孫に財産を贈与した場合に、贈与税の基礎控除である110万円に代えて2,500万

円の非課税枠を設けるというものです。

　そして、贈与者ごとにその年の1月1日から12月31日までの1年間に贈与を受けた財産の価額の合計額から、2,500万円の特別控除額を差し引いた残額に対しては、金額にかかわらず20％の税率で贈与税がかかります。

　なお、この特別控除額は贈与税の期限内申告書を提出する場合のみ控除することができます。また、前年以前にこの特別控除の適用を受けた場合には、2,500万円からその金額を控除した残額がその年の特別控除限度額となります。

＜住宅取得資金贈与の特例＞

　直系尊属の父母や祖父母などから、直系卑属である子や孫が住宅取得のための資金贈与を受け、一定の要件を充たす場合は、住宅取得等資金のうち一定金額が非課税となります。

　具体的には、平成27年（2015年）1月1日から2021年12月31日までに直系尊属の父母や祖父母などから、住宅取得資金等の贈与を受けた場合、一定の要件を充たすときは、**図表2-21**または**2-22**の金額までの贈与税が非課税となります。

　なお、**図表2-22**の非課税限度額が適応されるのは、住宅用の家屋の新築、取得または増改築に係る契約の締結日が2019年4月1日から2021年12月31日までの間で、かつ住宅用の家屋の新築等に係る対価の額または費用の額に含まれる消費税等の税率が10％のときに限られます。

　この特例を適用できる受贈者の要件は次の通りです。

①贈与を受けた年の1月1日に20歳以上で、その年の合計所得金額が2,000万円以下であること

②贈与を受けたときに贈与者の直系卑属（子または孫）であること

図表2-21 図表2-22以外の非課税限度額

住宅用の家屋の新築等に係る契約の締結日	住宅用の家屋の種類 省エネ等住宅	左記以外の住宅
平成27年12月31日まで	1,500万円	1,000万円
平成28年1月1日から令和2年(2020)年3月31日まで	1,200万円	700万円
令和2(2020)年4月1日から令和3年(2021)年3月31日まで	1,000万円	500万円
令和3(2021)年4月1日から令和3年(2021)年12月31日まで	800万円	300万円

図表2-22 消費税の税率が10％の場合の非課税限度額

住宅用の家屋の新築等に係る契約の締結日	住宅用の家屋の種類 省エネ等住宅	左記以外の住宅
平成31年4月1日から令和2年(2020)年3月31日まで	3,000万円	2,500万円
令和2年(2020)年4月1日から令和3年(2021)年3月31日まで	1,500万円	1,000万円
令和3年(2021)年4月1日から令和3年(2021)年12月31日まで	1,200万円	700万円

③贈与を受けた年の翌年3月15日までに、住宅取得資金の全額を充てて住宅の新築や取得もしくは増改築すること

④贈与を受けた年の翌年3月15日までに、その住宅に居住しているかまたは確実に居住すると見込まれること

また、贈与の要件については次の通りです。

①住宅の新築等に充てるための金銭の贈与であること

②中古住宅の場合は築後20年以内（マンション等耐火建築物の場合は25年）であること

③住宅の新築、取得、増改築に充てるものであること

<教育資金一括贈与の非課税措置>

　直系尊属の父母や祖父母などから30歳未満の直系卑属である子や孫が教育資金を一括で贈与を受けた場合、1,500万円までは非課税とされるものです。

これは、平成25年（2013年）4月1日から平成31年（2019年）までの間に教育資金に充てるために金融機関等との間で教育資金管理契約したものが対象で、受贈者である子や孫が30歳になった場合には教育資金管理契約は終了し、非課税とされた教育資金の残額がある場合は、終了した年の贈与税の課税対象とされます。

　この非課税措置は、平成31年の税制改正で2年間延長されることになりましたが、受贈者の前年の合計所得金額が1,000万円を超える場合は適用されなくなりました。

　なお、ここでいう教育資金とは、学校等に直接支払われる入学金、授業料、入園料、保育料、施設設備費などのほか、学校等以外に直接支払われる学習、スポーツ、文化芸術活動などについても含まれますが、後者についての非課税枠は500万円まで（1,500万円の非課税枠に含む）とされています。

＜結婚・子育て資金一括贈与の非課税措置＞

　直系尊属の父母や祖父母などから20歳以上50歳未満の直系卑属である子や孫が結婚・子育て資金を一括で贈与を受けた場合、1,000万円までは非課税とされるものです。

　これは、平成27年（2015年）4月1日から平成31年（2019年）までの間に結婚・子育て資金に充てるために金融機関との間で結婚・子育て資金管理契約したものが対象で、結婚資金については300万円が限度とされており、結婚・子育て資金管理契約期間中に贈与者が死亡した場合は、非課税とされた結婚・子育て資金の残額は、相続税の課税対象とされます。これも教育資金一括贈与と同様2年間延長されましたが、受贈者の1,000万円以下の条件は同じです。

　また、受贈者である子や孫が50歳になった場合には結婚・子育て資金管理契約は終了し、非課税とされた結婚・子育て資金の残額がある場

合は、終了した年の贈与税の課税対象とされます。なお、ここでいう結婚・子育て資金とは、内閣総理大臣が定める結婚、住居、引越し、妊娠、出産等に要する費用になります。

5．相続税対策のコンサルティング

ここで、資産家に求められる相続税対策について解説を加えていきますが、そのポイントは①相続税の節税対策、②納税資金の確保、③スムーズな分割、の3点になります。

＜相続税の節税対策＞

相続税の節税対策を検討するには、まず現在の財産、債務をすべて洗い出して明らかにする必要があります。預貯金、有価証券はどれだけか、土地建物などの不動産の所在地、大きさをまとめ上げ一覧表にします。これを基に財産評価をして、現時点での相続税額がいくらになるかを把握します。

今回は所有不動産の活性化による相続税対策に絞って考察しますが、その前に相続財産を事前に贈与することで財産を減らす節税策について解説します。

①生前贈与の活用

・配偶者への居住用財産の贈与

配偶者のいる方は配偶者控除を利用することで、相続財産を減らすことができます。これは、婚姻期間が20年以上の配偶者に居住用財産（土地・建物）あるいは、それを取得するための資金を贈与するなら、基礎控除の110万円に2,000万円を合わせた2,110万円まで、贈与税がかかることなく贈与することができます。

贈与を受けた者は、その翌年3月31日までに居住し、その後も引き

続きそこに居住する見込みであることと、贈与税の申告をすることが必要です。また、この特例は同一の配偶者から一度しか受けることができない点に留意が必要です。

・住宅取得資金贈与の特例

　平成 27 年 1 月 1 日から令和 3 年 12 月 31 日までの措置として、贈与者（直系尊属）から贈与を受けた資金が自己の居住用の住宅用の家屋の新築、取得または増改築等の対価に充てられた場合には、一定の要件の下、非課税枠までは贈与税が非課税となります（**図表 2-23**）。

図表 2-23　住宅取得等資金に係る贈与税の非課税措置

（注）上図は、耐震・省エネ・バリアフリー住宅向けの非課税枠。一般住宅の非課税枠はそれぞれ 500 万円減。

出所：財務省ＨＰより

・相続時精算課税制度

　平成 15 年 1 月 1 日から令和 3 年 12 月 31 日までの間の措置として、贈与者（直系尊属）から贈与を受けた資金が次の要件を満たす自己の居住用の住宅用の家屋の新築、取得または増改築等の対価に充てられた場合には、相続時精算課税制度に係る贈与者年齢要件が撤廃されます（**図表 2-24**）。

図表2-24　住宅取得等資金に係る相続時精算課税制度の特例

	一　般		住宅取得等資金
贈与者年齢要件	60歳以上	➡	年齢要件なし

また、住宅の新築、取得または増改築等の要件の主なものは**図表2-25**の通りです。

図表2-25　適用対象となる住宅の主な要件

区　分	床面積	築後経過年数・工事費用等	
住宅の新築・取得、買替え・建替え	50㎡以上	既存住宅の場合 耐火建築物：築後25年以内 非耐火建築物：築後20年以内	一定の耐震基準に適合するものは、築後経過年数にかかわらず適用対象
住宅の増築、改築、大規模修繕等	（増改築後）50㎡以上	工事費用　100万円以上	

　これも前述していますが、60歳以上の親や祖父母などから20歳以上の子や孫に、原則として贈与財産の種類およびその使い道が自由で2,500万円まで贈与しても非課税となる制度で、相続時に相続財産に加算され精算課税されます。

　ただし、この制度は基礎控除の年間110万円が使える通常の贈与税との選択適用のため、一度使うと親などからの贈与はすべてこの制度が適用となります。なお、贈与者ごとに適用できますから、将来の相続税を試算して適用の是非を判断する必要があります。

　・教育資金、結婚・子育て資金の一括贈与

　これについても既出ですが、いずれも2019年3月31日までに使途目的が各々1,500万円、1,000万円まで一括贈与が非課税になる制度です。ただし、信託銀行などの金融機関で口座管理を行う必要があります。

　②底地や遊休地の有効活用

　・底地（賃借地）対策

土地・建物などの不動産のうちでも、他人に貸している土地（底地）は、賃料と比較して固定資産税が高く相続でもお手上げです。しかし、これにはいくつかの対策が考えられます。

　まず、借地の一部と底地を交換してお互いの所有権に変えるという方法があります。いわゆる固定資産の交換特例を使って、土地を一部取り戻す方法です。このとき、交換差金の授受がなければ譲渡所得税もかかりません。

　そして、所有権を取り戻した土地に賃貸住宅などを建てて有効活用しながら相続税対策をするわけです。また有効活用しなくても、自用地にしておけば容易に売却できるため、売却して将来の納税原資とすることも可能です。

　次は借地権を買い戻し、自用地とすることで賃貸住宅などを建設する方策も考えられます。この際、建設資金を金融機関から借り入れてマイナスの資金を作ることで、相続財産を圧縮することができます。他にも底地を借地人に買い取ってもらい、将来の納税資金を確保することや、借地人と共同で賃貸マンションやアパートを経営する（等価交換が可能）ことも可能です。

　・資金の転換を考える

　また、金融資産の圧縮を考えた場合、土地・建物を購入することで資産を圧縮する方法もあります。というのも、金融資産は時価評価ですが、土地の評価は現金の約70〜80％という相続税法の評価になるからです。また、建物も購入価格ではなく固定資産税評価額での評価となるため、建築価格の60％前後にまで圧縮できるため、大幅な評価減が可能になります。

　さらに、土地を建物に変換することもできます。これはいわゆる等価交換によるものや、土地を売却して建物部分が大きいマンションに転換するなどの方法です。

　このように、相続税の課税対象は資産から債務を控除した正味財産とされることから、返済計画の健全な土地を取得する、もしくは建物を取得することが有効となります。

＜納税資金の確保＞

　前項でも少し触れましたが、相続税の納税資金をあらかじめ確保しておくことは節税と同様に重要です。賃貸住宅や賃貸マンション購入などの資金を借り入れるときに、団体信用生命保険に加入しておくと、万が一相続が発生した際には住宅ローンと相殺されます。そこで、相続税は延納の申請をして賃貸住宅やマンションの家賃収入から納税することも可能です。

　また、生命保険の非課税枠を活用するという方法も大変有効です。生命保険金は法定相続人1人につき500万円の非課税枠が認められています。500万円を超える分は課税の対象になりますが、この特典を利用しあらかじめ生命保険に加入しておくことで、保険金を相続税の納税資金に充当できるように計画したり、遺留分減殺請求対策で、主たる相続人に受取人を指定しておくことも有効です。ただし、生命保険の被保険者、契約者、保険金受取人の設定は、相続税非課税になるように気をつけて設定してください。

＜スムーズな分割＞

　不動産の仕分けのところでも触れましたが、不動産は売却しやすい（納税資金を捻出しやすい）ものを用意しておくことが重要です。

　また、遺産分割協議において、不動産の分割のしやすさはかなり重要ですので賃貸物件は分割しやすくしておきます。たとえば、タウンハウスタイプ（連棟長屋）やメゾネットタイプは建物も分割しやすいですが、区分所有権での分割になりやすいため、二次相続時や不動産、建物の再

利用・再建築時には、区分所有者の合意が必要になります。また、戸建ての賃貸住宅は中古住宅として売却も可能なため、遺産分割協議においても単独所有権として分割でき、将来の二次相続や再利用の検討が必要となっても、所有権の調整等が不要のため、これも有効な選択肢になり得ます。

第3章

地域貢献を踏まえた
遊休不動産の活用法

1．住居系賃貸住宅建設による活性化

<住居系賃貸住宅の種類と特徴>

　お客様の所有している遊休地への提案として最もポピュラーなのは、賃貸住宅の建設です。賃貸住宅の提案は、現状が更地で駐車場として利用されているケースと、既存の賃貸住宅など上物が建っているケースに大別されます。

　駐車場などの更地にアパート建設を提案する場合は、将来発生する相続において相続人間の分割トラブルを回避しやすい戸建て賃貸住宅、もしくは、将来分筆可能ラインを考慮したメゾネットタイプなどの提案を検討する必要があります。

　上物が建っているケースでは、築年数が経過し借入金は完済しているものの、家賃は相場より安いため収益性が低く、相続税対策として借家建付地の評価減のみということが多くあります。そこで、当該建物の建替えや売却を勧めるなど、事業の組替えを提案することになります。

　まずは、遊休不動産の活用方法としてポピュラーな賃貸住宅の種類と特徴について説明します。

　①アパート

　アパートは通常1住戸1フロアで単身用の1K、1DKなどからファミリー向けの2～3LDKまであり、一般に低層2階建ての木造または鉄骨プレハブ造の賃貸住宅です。市街地や近郊の閑静な住宅地に調和する単身向けから新婚、ファミリー向けまで、様々なプランで柔軟に対応が可能です。

　各階に玄関を設け、内部廊下からアクセスするアパートのタイプと、玄関を1階に設け戸別の内階段にすることで戸建て感覚の外観イメージのタイプがあります。

②メゾネット

メゾネットとは通常１住戸が２階建てで、住戸内の階段で上下階をつないでいるタイプです。１住戸が２層以上で構成される集合住宅のことをいいます。マンションなどでは最上階とその下の階を使って１住戸としています。

前述のアパートのような１フロアのフラット住戸タイプに対して、２フロア以上使うものを、メゾネットタイプと呼んでいます。１フロアのアパートと比べて入居者のプライバシーが守られやすい、通風などに優れるなどのメリットがあります。

近郊や郊外の住宅地など広い土地の活用に最適で、注文住宅を思わせる高品質なファミリー向けが一般的です。専用庭、通路、駐車場などの共用スペースを効率よく確保し付加価値を高めています。快適性と美観を重視した造りは周辺のイメージアップにも貢献します。

③戸建て賃貸住宅

これからの賃貸経営で一つの方向を示すのが、高級感あふれる戸建てタイプです。近隣との関係を重視したい高級住宅地内の建替えに最適です。注文住宅と遜色ない邸宅感覚からはオーナーの洗練された経営センスが伺えるとともに、入居者のステイタスにもなります。

また、シェアリングエコノミーの波が賃貸住宅にも及んできても、分筆・分割のしやすさから相続発生時における遺産分割まで容易となり、遊休地活用の出口を見通した計画になっている可能性があります。

④付加価値賃貸住宅

ア．外国人向け賃貸住宅

国際化で外資系企業の本格進出に際し、ハイグレードな外国人向け賃貸住宅の需要は堅調です。インターナショナルスクールへのアクセスや、周辺環境などのハードルは決して低くありませんが、外国人向け賃貸住宅は高付加価値賃貸住宅の典型といえます。国際的な水準の高品質な性

能が必須で、外観デザイン、居住スペース、設備機器、インテリアに至るまで要求が厳しいですが、非常に高額な賃料収入が期待できます。

　イ．ガレージハウス

　ガレージを1階部分に取り込んだテラスハウス型賃貸住宅です。主に都市部の富裕層で車好きな方をターゲットとしており、高速道路のインターチェンジ付近などが好適地です。

　ウ．共有ワークスペース付き賃貸住宅

　令和2年4月からの新型コロナウイルスの流行により、オフィス需要に大きな変化が訪れています。都心の一等地にあるAクラスのオフィス需要ですら、賃借面積の縮小もしくは家賃の下降圧力にさらされ始め、B、Cクラスのオフィスともなれば、在宅ワークやテレワークの普及による淘汰の時代に入ってくる可能性があります。

　また、労働者側から見ると通勤時間という生産性の伴わない時間が減少することで、ワークライフバランスの見直しがさらに図られ、主たる生活の場の中にビジネスの場を取り込む流れになってきそうです。そうなると、賃貸住宅の使命は生活の場の提供とともにビジネスの場の提供を兼ねる必要があり、多目的スペースの共有部が充実している賃貸住宅などが、郊外型賃貸住宅として広く認知されていくことになってくると思われます。

　エ．賃貸住宅全般に共通の注意点

　令和2年のコロナウイルスパンデミック以降は人々の価値観に大きな変化が現れてくると言われています。基本的には所有から利用への流れが加速すると考えられる以上、賃貸住宅経営では出口戦略を考えておく必要があります。賃貸住宅経営を提案するお客様は、相続税対策の一環として提案することが多いと思われるので、相続発生後の賃貸住宅の出口戦略として、収益不動産物件として売却しやすくしておくことが重要になってきます。

　木造の賃貸住宅であれば減価償却年数が22年のため、建築後23年目あたりに収益性案件として売却可能性を高くしておくことが重要です。現在の税法上では、22年経過後の住宅の減価償却期間は4年になるため、購入者は建物の購入価格を4年で償却できることは購入者にとってかなりのメリットになります。そのためには、大手住宅メーカーが取り組んでいるスムストックは、十分検討するに値します。

　スムストックとは、一般社団法人優良ストック住宅推進協議会が認定する、大手ハウスメーカー10社の丈夫な構造躯体を持つ住宅であり、点検、補修など適切にメンテナンスされたことが履歴データにて裏付けされ、スムストック住宅診断士が確認済の物件のことをいいます。

　このスムストック認定によって、税制上の減価償却期間にかかわらず適正な建物評価額が導かれます。その額が建築後23年目以降の物件は4年の減価償却期間になることがあるわけです。これは、戸建て賃貸住宅の場合も中古住宅として市場で売却する際に非常に有効になります。

　⑤社会福祉型賃貸住宅

　郊外においては、社会貢献などを視野に入れたサービス付き高齢者賃貸住宅や、障害者専用賃貸住宅なども可能性がありますが、社会福祉法人の運営する作業所と隣接している、近隣住宅の理解や協力などを得る必要があるなど、クリアすべきいくつかの条件があります。

　前述しましたが、地域包括ケアシステムの中心になるべく、サービス付き高齢者賃貸住宅や老人ホームなどの建設は厚生行政の最重要項目であり、地域ニーズにマッチすることにより目玉となり得ます。

＜遊休不動産の種類と特徴＞

　遊休不動産の活用には賃貸住宅系、商業施設系、医療介護保育等社会貢献系、駐車場等などに大別されます（図表3-1）。活用手法によって平均的な表面利回り図表3-2のように違いがあります。

図表3-1 賃貸による活用と主な特徴

		全 般	主な活用形態	形態ごとの特徴	収益性	相続税 流動性	相続税 評価減対策	保有税（固定資産税）
建物賃貸	住居系	・安定的な収入を確保しやすい ・空室リスクが少ない（一括借上げ等が利用可能） ・定期借家契約などにより、立退きリスクを軽減できる ・事業期間は比較的長い ・固定資産税、相続税評価額等の特例を受けやすい ・運営管理などに手間がかかる	アパート・戸建	・マンションと比較して投資額を抑えられる ・マンションと比べて売却しやすい ・木造の場合、RC造と比較して（減価償却が早い ・最大3階建てまでの建物が建築可能	○	△	○	○
			マンション	・容積率の高い土地に向いている ・投資額が大きくなる傾向にある ・売却先が限られるため換金性は限定的	○	×	○	○
	医療・介護系施設文教施設	・補助金等の助成がある場合がある（行政による） ・詳細な診療圏調査や、行政ヒアリングが必要 ・開設時の許認可が面倒	レント型クリニック	・誘致できる医師の確保がポイント ・地域貢献	○	×	○	×
			介護老人施設等	・グループホーム、有料老人ホーム、デイサービスセンターなど多様な形態がある ・地域貢献	△	×	○	×
			保育園等	・地域貢献	△	×	×	×
	商業系施設	・住居系と比べ高賃料を得やすい ・立地に左右されやすい ・賃料が景気動向やテナント業種に左右されやすい ・テナント退去リスク、立退きリスク ・固定資産税の軽減の特例が受けられない	テナントビル	・長期安定的なテナントの確保が難しく、立地に依る所が大きい	○	×	×	×
			ロードサイド型店舗	・駐車場など使用面積が大きい傾向（500㎡～3,000㎡程度）	○	×	×	×
			大規模商業施設	・一般的に10,000㎡以上の敷地が必要	○	×	×	×
			住宅複合型	・マンションの低層階部分を高賃料で賃貸できるケースも	○	×	×	×
土地賃貸		・建物への投資がなく、事業リスクが少ない事業形態	駐車場	・初期投資が不要 ・相続税評価額の軽減措置が適用されない ・固定資産税の軽減が受けられない場合が多い	△	○	×	×
			定期借地権事業（一般・事業用）	・最低でも一般用（住宅）は30年以上、事業用は10年以上と事業期間が限定される ・残存期間の低減につれて税評価額が大きくなる	△	×	○→△	住宅○ 事業用△
その他			土地売却	・現金化することで流動性が大きく向上 ・他の収益用不動産への買換え、他の運用方法の選択など。自由度が高まる	―	―	―	―

図表3-2 遊休不動産の活用方法と表面利回り

活用方法	用　途	固定資産税軽減	予想表面利回り（%）
賃貸住宅系	単身者向け	あり	7～10
	ファミリー向け	あり	5～8
商業施設系	コンビニ等	なし	10～20
	大規模集積小売店	なし	5～10
社会貢献系	診療所等医療施設	なし	10～15
	認可保育所等	あり	10～18
	介護施設等	あり	5～10
駐車場等		なし	

2. 提案の実際と相続対策時の留意点

＜近隣調査と人口動態把握＞

　まず、資産活用コンサルティングに先立って、所在地の情報収集から

スタートします。立地や周辺環境は、最適かつ有効活用案を選定するうえでの基本となりますので、交通条件、周辺環境、小中学校校区などを考慮します。

　周辺マーケット調査は賃貸住宅成約事例、賃料専有面積相関グラフなどを基に、お客様情報元の金融機関あてに、表面利回りなどを記載した遊休地活用提案プレゼンテーション資料を提出します。そのうえでお客様の資金計画の相談（多くは相続対策を兼ねる）を金融機関の担当者と検討していきます。プレゼンテーションの際は、一物件ごとに複数の事業の考察範囲から最適と考えられるものを、金融機関、お客様に納得していただける形で盛り込みます。

　続いて、当該地周辺の賃貸住宅の賃料と専有面積の調査の結果をグラフとしてまとめます。これらの調査結果をもとに、建物の規模・費用・利回りなどの詳細と建物のイメージや写真を添付してお客様のニーズを喚起します。

＜事例の活用提案について＞

　前記の事例は、当初、金融機関から地下鉄大江戸線練馬駅近辺の遊休地活用を依頼されたものです。まずは立地条件の確認からスタートし、金融機関の担当者および支店長向けのプレゼンテーションを作成しました。最初に当該敷地の交通条件、次に周辺環境調査を現地に出向き、生活圏を確認しながら立地環境、生活利便性などを把握しました。

　また、一般的に行っている遊休地活用メニューを、住居系、医療介護福祉系、商業系の各施設による特徴を一覧表にしたものも添付し、今回は周辺環境等を考慮し住居系が適当と判断しました。周辺の住居系建物の賃料の成約事例、専有面積相関グラフ、周辺賃貸住宅成約事例を添付しマーケット調査報告書として作成し、金融機関に事前了解を取り付けたのち、金融機関からまずクライアントに提案していただき、同席のも

とでクライアントに金融機関の担当者と一緒に説明しました。

　さらに、診療圏調査も行ったところ診療所としても好条件だったため、最終的には戸建賃貸住宅2棟2戸、メゾネット（テラスハウス）2棟4戸、レント型クリニック1棟、院外薬局1棟の計6棟の街並み形成型の最終提案となりました。

＜相続対策時の留意点＞

　高い節税効果は賃貸住宅経営の大きな魅力です。建設したとき、経営しているとき、相続のときなど、それぞれの場面で税制上の特例や軽減措置を受けられ、駐車場経営や遊休地に比べ、大幅な税務上のメリットを得ることができます。

　次に、それぞれの場面について具体的に見ていきます。

＜建設時の税額等の軽減＞

①固定資産税の軽減措置

・土地…土地にかかる固定資産税が一住戸当たり小規模住宅用地(200㎡以下の部分）については「課税標準×6分の1」に軽減されます。一般住宅用地（200㎡を超える部分）については「課税標準×3分の1」に軽減されます。

・建物…建物にかかる固定資産税が一住戸当たり120㎡以下の部分については3年間・2分の1（3階建以上の耐火構造については5年間・2分の1）に軽減されます。

②都市計画税の軽減措置

・土地…土地にかかる都市計画税が一住戸当たり小規模住宅用地(200㎡以下の部分）については「課税標準×3分の1」に軽減されます。一般住宅用地（200㎡を超える部分）については「課税標準×3分の2」に軽減されます。

・建物…原則として税額軽減の特例はありません。

＜経営を始めたときの税額等の軽減＞

①所得税の軽減措置

・必要経費…公租公課、減価償却費、火災保険料、アパートローンの金利部分などです。

②不動産所得のある人は青色申告者になることができ、青色申告には次のようなメリットがあります。

・青色申告特別控除…アパート経営でおおむね5棟または10室以上の場合を事業的規模といい、帳簿の作成を条件に所得から65万円（それ以外は10万円）を控除できます。

・純損失の繰越し…赤字を3年間繰り越して所得から控除できます。

・青色事業専従者給与…アパート経営に従事している配偶者や親族の給与を必要経費扱いにできます。

＜相続するときの軽減税額等の軽減＞

①貸家建付地の評価減

・土地…賃貸住宅に活用する土地は貸家建付地として20％前後評価減されます。200㎡以下の土地は小規模宅地の特例により50％減額されるケースがあります。

②借家権割合による評価減

・建物…建物については借家人の権利が考慮され、評価額から通常30％減額されます。

＜減価償却と損益通算＞

・減価償却…アパートなどの建物は、時間の経過等によってその価値が減っていきますが、このような資産を減価償却資産といいます。

減価償却資産の取得に要した金額は、取得時に全額必要経費とされるのではなく、減価償却費として資産の耐用年数まで毎年必要経費として計上でき、所得から控除することができます。この仕組みが減価償却です。

・損益通算…サラリーマンなどで給与所得とアパート経営などで不動産所得がある場合、給与所得と不動産所得を合算して計算できる仕組みが損益通算です。したがって、アパートの建築費用などの不動産所得の赤字を給与所得の黒字から差し引けるため、所得税・住民税を軽減することができます。

＜事例１＞

　15年ほど前になりますが、筆者が以前勤務していた住宅会社で、引き渡し顧客（施主）向けの相続セミナーに来場されたケースでは、施主であるご主人とお兄様と共有で取得されていた400坪の遊休地の活用を、将来の相続を考えて提案して欲しいということになりました。当該敷地の一部に計画道路が入っていたため、収用時の対応を含め当該敷地を4筆に分筆し、各々2棟ずつ戸建て賃貸住宅を建てることにしました。

　ご兄弟で2棟ずつ所有され、各々約20万円前後の賃料設定での、10年一括借り上げを締結しました。15年目を迎えた現在でも、10年目に賃貸住宅の構造保証延長のメンテナンス工事を発注いただき、19万円前後の賃料設定で一括借り上げ契約を2年ごとに更新しています。

　このケースでは、当初計画時の分割可能ラインを線引きしてから戸建て賃貸住宅4棟の計画に至ったことが、現在も賃料の大幅な下落を招くことのない賃貸経営を可能にしています。

　また、相続発生時においては中古住宅として売却しやすく、比較的流動性の高い不動産として売却後に納税資金に回すことも可能です。当初の資金計画時は、地元信用金庫からの融資で賄いましたが、すでに返済

は完了していると推察しています。

　相続税の対策というよりも、一義的には共有のままにしておくことによる残された親族間でのトラブル回避のための、分割可能性を最も重視して取り組んだ事例となります。

<事例２>

　三重県下にある金融機関から、お客様所有の700坪の遊休地の有効活用について提案してほしいとの依頼があり、街並みを意識したデザインの希望に沿った提案をしたところ、大いに評価いただきました。当初はクリニックや店舗の構想もありましたが、第一種住居専用地域ということもあり、結果として戸建て賃貸住宅を建築することになりました。

<事例３>

　10数年来のお客様の案件です。奈良県下の区画整理地内において、従前地が広大な山林だったため、ブロックとしての換地を受けられました。1,300坪ほどの1ブロックの固定資産税額が600万円以上と高額だったため、法人を設立し相続税対策と有効利用形態を検討しました。結果として戸建て賃貸住宅10戸と、注文建築用地15区画および月決め駐車場用地にエリア分けを行い、注文住宅用地売却代金で1戸建て賃貸住宅建設費等の金融機関からの借入れを返済して、10年がかりで街並みを形成した事例です（図表3-3）。

　これら3例を含め、筆者が過去携わった遊休地の活用案件においては、居住系で活用提案をするのであれば、一戸建ての賃貸住宅として提案することが、将来の相続発生時における遺産分割協議に対応しやすく、また、中古住宅としての販売も可能なため、出口戦略まで考えた場合には非常に有効です。

図表3-3 ＜事例3＞の賃貸住宅エリア

　特に用途地域が住居系の場合、活用提案する際は一戸建て住宅での提案をまず念頭に置き、住居系の活用方法で重要になってくる出口戦略を考えたうえで、一戸建て賃貸の優位性を顧客に検討していただくようにしていました。

　事業収支は単身者向けのワンルームや、新婚向けの２ＤＫで表面利回りと比べると、良くなることは少ないですが、戸建て賃貸住宅が成り立たない場所には、表面利回りにのみとらわれてのワンルームや１ＬＤＫ、通常の住居系の提案はせず、別の活用提案をしていただきたいと考えています。

3．遊休地への診療所、医院の提案

　次に遊休地に診療所、医院を提案するという観点から、その特徴について説明します。

　遊休地に開業希望の医師をセットするという提案は、アパート、マン

ション、駐車場などと異なり、診療所、医院などお客様になじみのない提案をするわけですから、医師の開業動機などを金融マンが理解し、お客様に説明できるようにしておくことが必要です。

＜診療所、医院の提案＞

　診療所、医院については、開業希望の医師に底地を事業用定期借地として提供するケースと、お客様が建築費用の一部（内装のない構造部分＝スケルトン）を負担し、医師が内装部分を負担して、底地、建物を含め20年の事業用定期借地・借家契約（更新規定あり）を結ぶものの2通りがあります。

　事業性の面から見ると、底地を事業用定期借地として貸した場合より、お客様がスケルトン状態の建物から建築し、事業用定期借家として貸し出す方が表面利回りは高くなります。

＜開業の理由、タイミング＞

　開業を考える理由やタイミングはそれぞれですが、一般的に大きく2つのパターンがあります。

　①承継

　一つは承継です。医師は親（親族）が医師である場合も少なくありません。親（親族）である医師が高齢となり引退を考え、それを受けて開業するというパターンです。承継の場合、建物や医療機器などの「ハード」と、地域で得てきた患者とその信頼という「ソフト」を、子（親族）が引き継ぐ、という形になります。また、親族ではない第三者に承継する・されるパターン（主にM＆Aによる）もあります。

　近年診療所の開業医の高齢化および後継者問題で、医院継承を主としたM＆Aが増加しています。また、訪問医療の推進の面からも高齢開業医の後継者問題は厚生省としての重点課題の一つといえます。承継者が

いないため古くなった建物の建替えや大規模リフォーム、設備の入替え
が生じる場合もありますが、次の新規開業よりもハードルは低いといえ
ます。

②新規

新規とは、文字通り勤務医がゼロから診療所を立ち上げるパターンで
す。自分が理想とする医療を追求するため、というのが開業を志向する
多くの医師の想いですが、勤務医にはない「経営」の視点も持たなけれ
ばなりません。そこで、開業の準備段階でコンサルタントや税理士、金
融機関等と相談し、事業計画を練ることになります。その計画では、立
地や建物の種類、広さ等の診療所の形態が、成功の重要な要素となって
きます。

どのくらい初期投資（イニシャルコスト）にかけ、その後どのくらい
運転資金（ランニングコスト）を費やすか。医師は自身の予算も鑑みな
がら、どこにどんな診療所を構えるか、様々な選択肢の中から決定して
いくことになります（**図表3-4**）。

次に選択肢となる診療所の種類と特徴について説明します。

図表3-4 医院の開業タイプ

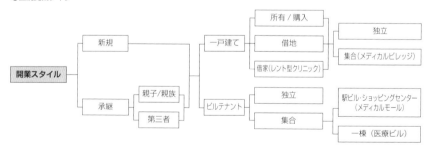

●医院開業タイプ

<診療所のタイプ>

診療所は「ビル内診療所」と「戸建て診療所」に大別されます。

　一般的にビル内診療所は、駅に近い場所が好まれるため都市部に多く、戸建て診療所は、建物が大きく駐車場も必要になるため郊外が中心になります。診療科目については、ビル内診療所はコンパクトなスペースでも診療が可能な内科、心療内科、歯科などに向いており、戸建て診療所は広いスペースを必要とする整形外科、眼科、産婦人科などに向いています。

　戸建て診療所にはさらに「土地を購入し診療所を建築する」「借地上に診療所を建築する」そして「レント型クリニック」というスタイルがあります（**図表3-5**）。

①ビル内診療所

　その名の通り、ビルのフロアの一部または全部を賃貸して入居し、開

図表3-5　開業スタイル別比較表

		ビル内診療所	戸建て診療所	土地賃借	レント型クリニック
必要資金	土地	──	○	※土地保証金が必要	──
	建物	○（内装）	○	○	○（内装）
	機器/什器	○	○	○	○
	運転資金	○	○	○	○
	賃料	○	──	○	○
概算 初期費用 （運転資金含む）		4,000万～	1億円～	6,000万～	4,000万～
メリット		・開業資金が少額ですむ。 ・公私を区別できる。	・診療スペースや医療機器を自由に決めることができる。 ・診療所が担保となるため、比較的開業資金が借入れしやすい。 ・地域への密着が強く、高い信頼感でより多くの来院が見込める。 ・在宅医療への取り組みがしやすい。 ・駐車場を確保しやすい。	・土地購入より開業資金が少額ですむ。 ・診療スペースや医療機器を自由に決めることができる。 ・地域への密着が強く、高い信頼感でより多くの来院が見込める。 ・在宅医療への取り組みがしやすい。 ・駐車場を確保しやすい。	・開業資金が少額ですむ。 ・診療スペースをある程度自由に決めることができる。 ・好環境立地での開業が可能。 ・地域への密着が強く、高い信頼感でより多くの来院が見込める。 ・駐車場を確保しやすい。
デメリット		・診療時間（夜間・休日）・診療スペース・設備面の制約が多い。 ・同ビル内の他テナントを選べない。	・開業資金が多額となる。 ・保存コストがかかる（固定資産税）。	・土地を担保にはできない。 ・賃貸借契約終了後の再契約が可能とは限らない。	・賃貸借契約終了後の再契約が可能とは限らない。 ・中途解約時には違約金が発生する。

業するパターンです。内装工事は必要ですが、戸建てに比べて医師の初期投資が少額で済むことが大きな特徴です。

　一般に集患を考えて、駅近や商業地域にある物件が好まれます。また近年ではショッピングモール内に開業するケースや、全フロア診療科が異なるクリニックで構成された、医療モールビルというパターンもあります。

　他のメリットとしては、住居を併用することはあまりないので、医師が公私の区別をつけやすいスタイルであることが挙げられます。一方、デメリットとしては、元々一般事務所用のビルの場合、バリアフリー化や水回りの配管、放射線検査機器等の導入のための工事にコストがかかるほか、駐車場等の確保が難しいなどの設備面の制約や、ビルやモールの開・閉館に診療時間を合わせなければならないという時間的な制約が挙げられます。

②戸建て診療所

　戸建て診療所は、承継の場合以外は購入したあるいは借りた土地に建物を建て、診療所を開業するというものです。これには次の３つのパターンがあり、それぞれに特徴があります。

・土地・建物所有…診療スペースや医療機器を自由に決めることができます。地域への密着度が強く高い信頼性を得やすいため、より多くの来院が見込めるほか、在宅医療にも取り組みやすいスタイルといえます。反面、開業資金が多額となり固定資産税などの保有コストもかかります。

・借地に建物所有…土地の保証金は必要ですが、購入の必要がないため初期投資を抑えることができます。建物は自己所有のため土地・建物所有とメリットは変わりません。ただし定期借地権の場合、賃貸借契約終了後に保証金は戻ってきますが、再契約できるとは限らないので、長きにわたりそこでの診療を希望している、子供への承

継を考えているような場合には注意が必要です。

・土地・建物ともに賃貸（レント型クリニック）…建物・土地ともに購入の必要がないため、開業資金を大幅に抑えることができます。そのうえ、建物のプランはある程度医師が決めることができます。土地オーナーにも投資効率が良いというメリットがあります。

4. レント型クリニックとは

＜レント型クリニックのメリット（医師編）＞

①医師の初期投資はビル内診療所と同等

レント型クリニックは、遊休地などの有効活用を考えている土地オーナーに土地と建物を提供してもらい、開業を希望する医師が入居するという「賃貸式」の医院です。

土地の取得や建築費用がかからないため、初期投資を大幅に抑えることが可能です。それにより資金計画にゆとりが生まれ、ニーズを把握した設備投資などに資金を回すことで、より地域に根ざした開業が実現し、安定的な経営が期待できます。

また、当初はレント型クリニックでスタートし、開業医として地域医療の経験を積み、資金を蓄えたうえで分院や高齢者施設を開設するなど、事業拡大へのステップとして利用するのも一つの方法です。

②間取りや内装には医師の要望を反映

このレント型クリニックでは、建物は土地オーナーから借りることになりますが、建築時に医師の要望をある程度反映することが可能です。その内容によって賃貸料等も変化しますが、土地オーナーとの協議によって、医師が理想とする間取りをオーダーすることも可能です。

医師が費用負担する設備に関しては、100パーセント要望通りに設置できるため、オーダーメイド感覚の戸建て診療所を実現することができ

ます。

　③メディカルヴィレッジはメリットが大きい

　1医院＋1薬局で構成されるのが、一般的なレント型クリニックですが、広い土地に複数の賃貸医院が集まった「メディカルヴィレッジ」なら、医師のメリットはさらに大きくなります。

　1ヵ所に複数の診療科目の医院が集まることで、患者はワンストップで複数の診療科の受診が可能で、同時に来訪した家族が異なる診療科を受診できるなど、利便性が向上することで集患につながります。また医師にとっては、他科の医師と連携しやすくなり、さらに駐車場や案内表示等を共用できる、院外薬局の誘致が容易になるなど、多くのメリットがあります。

　④事前に綿密な診療圏調査を実施

　もちろん、ニーズがなければ事業は成り立たないのは医療機関も同様です。特に診療所の安定経営は立地に大きく左右されます。レント型クリニックの候補地については、独自の診療圏調査を実施、地域の特性や人口動態、競合医院等を精査したうえで計画を進めるため、お客様である医師も安心です。

　⑤経営に有利なロードサイド型の開業も可能

　大型商業施設やファミリーレストランなどが並ぶ主要幹線道路や、それらにつながる生活道路沿いなどは、診療所の存在を認知されやすく、多くの集患が見込めます。こうした好条件の広い土地を購入するには、まず開業用地を探し、さらに多額の資金を用意する必要がありますが、医師の希望に沿った開業用地を選定するとともに賃貸方式のため、そのハードルはより低いものになります。

＜レント型クリニックのメリット（土地オーナー編）＞
　①診療圏調査を実施し収益見込みを算出

　遊休地でレント型クリニックが可能か否かを調査するために欠かせないのが、診療圏調査です。これは開業予定地（当該敷地）周辺の１km、２km圏内の診療所、病院の設置数、標榜科目を調べ、周辺人口に対する年代別罹患率等を基に、来院患者数を想定するものです。

　その数値により、１人当たりの診療科目別診療単価を掛け合わせ、収益見込みを算出します。そのうえで診療所用地としての適否を判断します。適地判断後にお客様と開業希望医師に対する事業用地としての告知の業務委託契約を締結し、その後開業希望医師が見つかり、お客様と開業希望医師との間で賃貸借契約の合意確認後、お客様と建築請負契約を締結することになります。

②借主は社会的信用の高い医師

　このシステムでは、社会的信用力の高い医師と、長期の賃貸借契約を結ぶため、高い安心感と安定した賃料収入を得ることができます。また、診療圏調査により地域の医療ニーズに合わせた診療科の医師とマッチングしますので、お客様である土地オーナーも安心です。

③地代家賃を高く設定できる

　建物のスケルトン（躯体）は土地オーナー負担、インフィル（内装）は医師負担になりますので、土地のみの賃借よりも地代家賃を高く設定できます。医師が決まってから着工するため、事業開始時の空きの心配もありません。また短期の減価償却が可能で、相続時の評価額も軽減されます。

④地域のニーズに応え社会に貢献する資産活用

　高齢化が進み、地域の"かかりつけ医"や在宅医療を手がける医師の重要性が高まるなか、地域のクリニックが充実することは地元の住民にとっても非常に歓迎すべきことです。地域医療を志す医師に場を提供することは、地域社会への大きな貢献につながります。特に地域包括ケアの中核をなす、かかりつけ医の重要性からも訪問診療可能な若い医師に

よる開業が望まれています。

　このように、基本的にはクライアント所有の土地情報を開業希望医師に開示することで対象者を探すケースと、開業希望医師からエリア指定で開業希望地の情報取得を要請されるケースがあります。

　次にレント型クリニックの資金収支計画について説明します。計画条件では敷地面積、延床面積、建物、駐車台数などの概要に加え、工事費、借入金などの資金関係、賃料、保証金、契約期間などの契約関係を明示し、そこから資金収支計画表を作成して年平均利回りを導き出します。

　また、租税公課には建物の不動産取得税、固定資産税、都市計画税等は建築地（地域）により異なりますので注意が必要です。

＜医療建築に適した工法＞

　住宅メーカー各社が多様な構造躯体の建物を提供していますが、耐震・耐火・耐久・省エネ性など総合的に高い性能を発揮する工法に、独自に進化したツーバイフォーなどの木造の建物があります。構造材である木は、鉄やコンクリートに比べ熱伝導率が低く、適度な弾力性を持ち、働くスタッフや訪れる患者さんに優しい素材です。

＜節税効果で収益性に貢献＞

　耐用年数の長さには定評のあるツーバイフォー工法ですが、鉄筋コンクリート（RC）造や鉄骨（S）造に比べ、税法上の減価償却期間は短く設定されています。そのため同じ建築費でも、1年当たりの減価償却費を多く計上できるので節税効果が大きくなります（図表3-6）。

5. 医院開業支援の実際

　医院の開業支援には、多岐にわたる要素を総合的に管理・進行する能

図表3-6 減価償却期間（法定耐用年数）・減価償却費の比較

用　途	鉄筋コンクリート(RC)造	鉄骨(S)造	木造(ツーバイフォー)
住　宅	47年	34年	22年
病院／診療所	39年	29年	17年
年間減価償却費	約207万円	約241万円	約332万円

計算条件：診療所165㎡（約50坪）、
建築費：5,400万円、設備工事費：建築費の30%

木造は減価償却期間が短いため、減税効果が高い！

力が問われます。医療機器メーカーや医薬品メーカー、医療コンサルタントなどは、それぞれの立場で最大限サポートしてくれますが、基本構想から建築、開業後の経営までトータルにサポートできるかというと、なかなか難しいのが実情です。

　医院開業・経営に関してワンストップで対応できるパートナーを選ぶ際には、これまでの開業サポートの実績数が大きな指標となります。

　筆者の以前の勤務先には医院開業案件のみを専属に取り扱う営業担当者もいます。また知人の会計事務所や税理士事務所は、20年以上前から開業支援を主業務とし数多くのクリニックの開業に携わってきた方たちが、東京、大阪、名古屋、静岡など全国各地で活躍しています。筆者の出身地である名古屋の税理士法人は、20年近く前から筆者とともに医院開業案件を数多く手がけています。

　図表3-7はある税理士法人の医院開業に向けたスケジュール表です。このように多岐にわたる内容を把握しながら、建築会社、医療機器会社などとの折衝が必要となり、医院開業専門スタッフを置いている会計事務所や建築会社（筆者の在籍した住宅メーカーには医院開業専門スタッフが10年以上前から在籍している）を中心とした開業サポートメンバーの選定が重要になります。その際に金融機関に加え、日頃から開業サ

図表3-7　○○クリニック　開業計画スケジュール（概要）

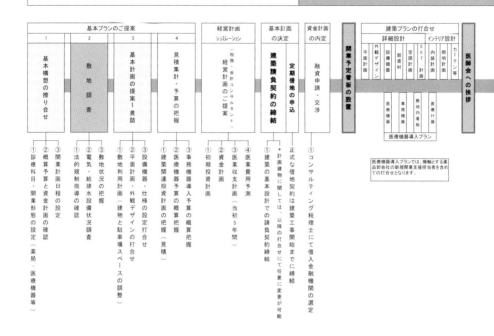

ポートメンバーとの情報交換や勉強会を実施していくことが望まれます。

　計画のスタートに当たっては、開業希望の医師が開業希望地探しを先行するケースと、遊休不動産所有者の開業用地の診療圏調査を行い有望開業科目の医師を招聘するケースに大別されます。この場合、**図表3-7**の1と2の順序が入れ替わることになります。

＜開業希望医師情報の取得＞

　金融機関主導のもと、会計事務所、薬品卸業者、医療関連機器会社、住宅会社などとの積極的なアライアンスにより、より密度の濃い情報の取得と定期的な会合を行い、開業希望医師情報の発掘に取り組んでいくことが重要です。

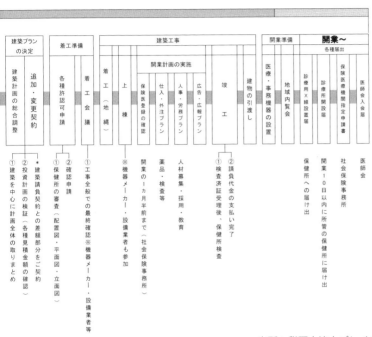

出所：税理士法人ブレインパートナー HP より

＜診療圏調査による適正科目診断＞

　開業地を選定する際には、その地域の医療ニーズを調査・分析する「診療圏調査」が必要不可欠です。診療圏内年齢層別の人口、推計患者数、競合施設の状況などのデータを収集・分析し、開業プランの有効性を検証することで、より具体的な経営計画へと導いていきます。

６．地域のニーズに応える資産活用

　多くの土地オーナーは、長年にわたり代々その地に根を張って暮らし、地域の信頼も厚く、またオーナー自身も地域に深い愛情を持っているのではないでしょうか。医療関連施設での土地活用は、今後のニーズに応え、地域社会への貢献につながり、愛着のある街を活性化させるもので

す。資産活用の選択肢として、大いに注目されるといえるでしょう。

＜地域包括ケアシステムにおける"かかりつけ医"の役割＞

　団塊の世代が75歳以上の後期高齢者入りする2025年を控え、超高齢社会を迎えたわが国において、高齢者の質の高い生活を維持するために医療と介護の提供体制の確立が急がれています。「診療報酬」「介護報酬」の改訂も踏まえ、医療・介護・福祉・保険の連携体制、すなわち「地域包括ケアシステム」の構築は医療機関にとっても大きなテーマです。

　地域包括ケアシステムとは、介護が必要な状態になっても、住み慣れた地域で自分らしい暮らしを続けられるようにするために、住まい・医療・介護・予防・生活支援が一体で提供されることを目指すものです。そこでは、急性期あるいは回復期の病院、訪問看護ステーション、地域包括支援センター、ケアマネージャー等、地域全体で患者を支える"水平連携"が必要となります。その中でリーダー的な役割を果たしていくのが、地域医療を推進する"かかりつけ医"です。

　日本の診療所は諸外国に比べても提供できる医療の質が高く、高齢者に必要な検査・診断・治療・健診等がトータルに行える施設が少なくありません。また、在宅医療を志向する医師も増えており、クリニックは地域医療の拠点のひとつとして、その存在感が高まりつつあります。

＜介護事業への事業拡大＞

　前述のように、地域包括ケアシステムにおいては、地域に密着した医療を担う医療機関、特に診療所の役割は重要ですが、これからはさらに幅広い対応が求められてくるでしょう。例えば、住まい・介護・生活支援に関する介護事業への取組みです。

　実際に医療機関からも、医療・介護・住まいを一体的に提供し、地域で暮らす高齢者の生活を支援したいという相談も増加しています。医療

機関にとっても、診療報酬だけに頼らない経営が可能になるメリットがあり、利用者にとってもかかりつけ医の医療機関が経営する施設には安心感があります。

医療法人が運営できる介護事業は多くあります。医療機関が国の定めた基準を充たし、在宅療養支援診療所・病院として届け出た場合、診療報酬の点数が高く算定されます。この届出を行って、グループホームやサービス付き高齢者向け住宅などを経営すれば、トータルケアが実現し、収益性や効率性の面でも大きなメリットになります。

7. 高齢者福祉施設の種類と特徴

今後の日本の厚生労働行政における最重要項目として、地域包括ケアシステム拡充のメインに高齢者の住居問題が据えられました。

厚生労働省関東信越厚生局のホームページ（ＨＰ）には、地域包括ケア推進課の業務内容が分かりやすく説明されており、議事録などに目を通すと、関東信越厚生局と関東地方整備局住宅整備課との取組みなど地域包括ケアシステムの拡充は、厚生労働省と国土交通省の共通課題だということが分かります。

高齢者施設は、主に運営事業者がエリアごとに収益性を考慮して、介護付き有料老人ホーム、サービス付き高齢者向け住宅、グループホームなど希望用途を選定しています。ただ、一般的に表面利回りは優れているとは言えないため、社会性などを重視するお客様に提案することになります。

<小規模多機能型居宅介護>

今後の地域包括ケアシステムの根幹として、介護保険のサービス種別の中で地域密着型サービスに分類され、通い（デイサービス）、泊り（シ

ョートステイ)、訪問（介護）のサービスを一体化し運営している事業所です。

原則として要介護、要支援の認定を受け、事業所が指定を受けた市区町村に居住する人に利用は限定されます。2020年4月現在、一事業者当たりの利用者の登録数は29人以下でなければならず、1日当たりの通いの利用者は概ね15人以下、宿泊の利用者の上限は9人となっています（**図表3-8**）。

小規模多機能型居宅介護は、利用者が可能な限り自立した（出所：厚生労働省ＨＰより）日常生活を送ることができるよう、利用者の選択に応じて施設への「通い」を中心として、短期間の「宿泊」や利用者の自宅への「訪問」を組み合わせ、家庭的な環境と地域住民との交流のもとで日常生活上の支援や機能訓練を行います。

小規模多機能型居宅介護の定員（1日当たり）は、**図表3-9**のように定められています。

図表3-8 小規模多機能型居宅介護とは

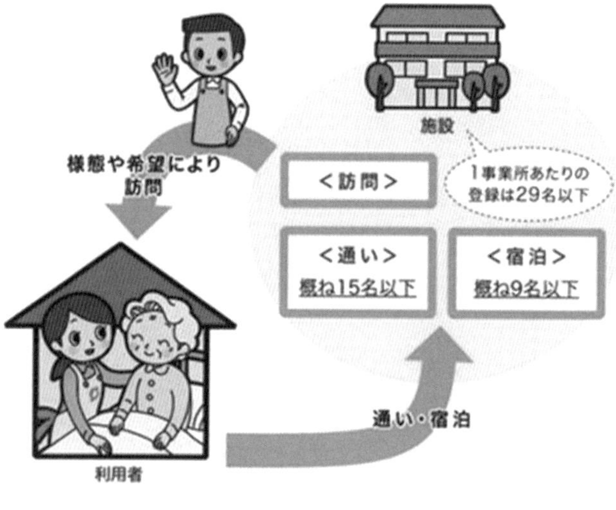

出所：厚生労働省ＨＰより

図表３-９ 小規模多機能型居宅介護の仕組み

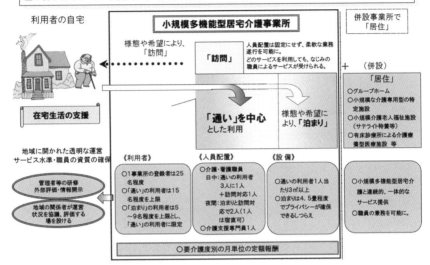

出所：厚生労働省ＨＰより

＜サービス付き高齢者向け住宅＞

①サービス付き高齢者向け住宅とは

　高齢化が急速に進む中で、高齢の単身者や夫婦のみの世帯が増加しており、介護・医療と連携して高齢者を支援するサービスを提供する住宅を確保することが極めて重要とされる一方で、サービス付きの住宅の供給は、欧米各国に比べて立ち遅れているのが現状です。

　このため、高齢者の居住の安定を確保することを目的として、バリアフリー構造等を有し、介護・医療と連携し高齢者を支援するサービスを提供する「サービス付き高齢者向け住宅」の都道府県知事への登録制度を国土交通省・厚生労働省の共管制度として創設しました（厚生労働省ＨＰより抜粋）（図表３-10）。

　このように、サービス付き高齢者向け住宅とは、高齢者単身・夫婦世

図表3-10 サービス付き高齢者向け住宅とは

概要 **サービス付き高齢者向け住宅** って何ですか?

「サービス付き高齢者向け住宅」とは、
高齢者単身・夫婦世帯が
安心して居住できる賃貸等の住まいです。

平成23年の「高齢者の居住の安定確保に関する法律(高齢者住まい法)」の改正により創設された登録制度です。

高齢者にふさわしいハード
- バリアフリー構造
- 一定の面積、設備

安心できる見守りサービス
ケアの専門家による
- 安否確認サービス
- 生活相談サービス

1 登録は、都道府県・政令市・中核市が行い、事業者へ指導・監督を行います。
2 家賃やサービスなど住宅に関する情報が開示されることにより、自らのニーズにあった住まいの選択が可能となります。
(サービス付き高齢者向け住宅では、安否確認・生活相談サービス以外の介護・医療・生活支援サービスの提供・連携方法について様々なタイプがあります。)

国土交通省・厚生労働省が所管する「高齢者住まい法」の改正により、平成23年10月から登録がスタートしました。

危険や不便が少ないハード面の安心、高齢者だからこそ必要なサービスを充実させたソフト面の安心、さらに地方公共団体が登録、指導・監督を行うという安心、このように多くの「安心」を備えていることが「サービス付き高齢者向け住宅」の特長です。

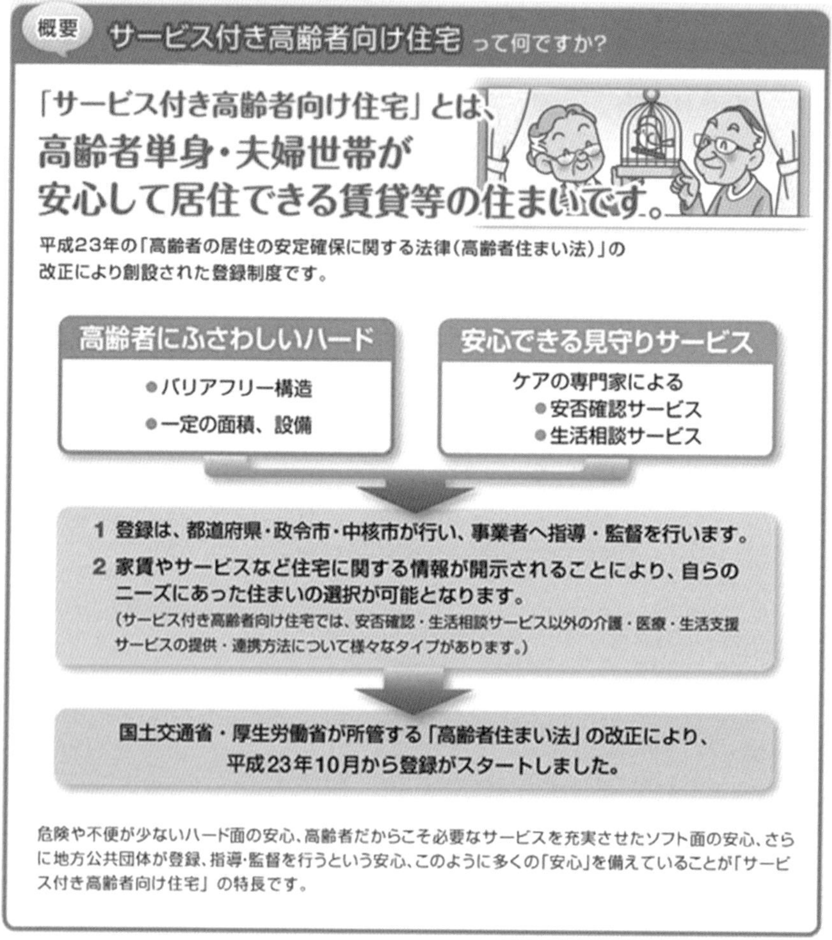

出所：厚生労働省HPより

帯が居住できる賃貸等の住まいで、平成23年の「高齢者の居住の安定確保に関する法律（高齢者住まい法）」の改正により創設されました。そして、サービス付き高齢者向け住宅は、高齢者にふさわしいハード（規模・設備）と、見守りサービス、それから契約に関する基準を満たす必要があります（**図表3-11**）。

②サービス付き高齢者向け住宅の規模・設備・サービス等

図表3-11 サービス付き高齢者向け住宅の生い立ち

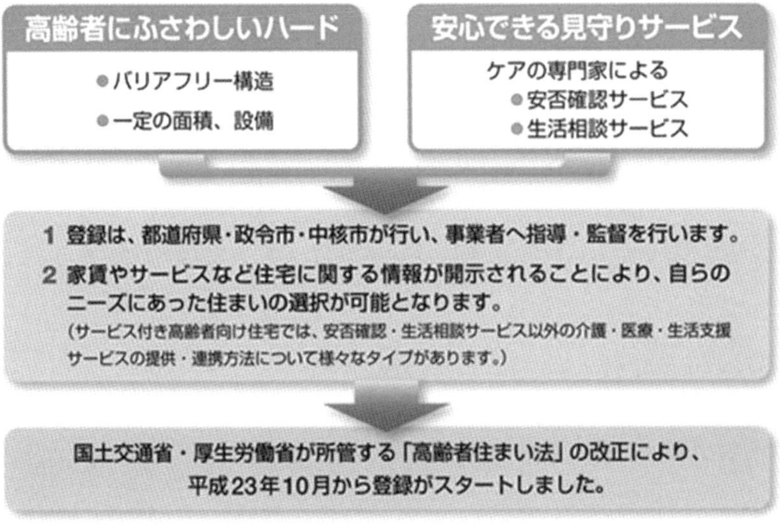

出所：厚生労働省HPより

・各専用部分の床面積は原則25㎡以上（ただし、居間、食堂、台所そのほかの住宅の部分を高齢者が共同して利用するため十分な面積を有する場合は18㎡以上）

・各専用部分に台所、水洗便所、収納設備、洗面設備、浴室を備えたものであること（ただし、共用部分に共同して利用するため適切な台所、収納設備または浴室を備えることにより、各戸に備える場合と同等以上の居住環境が確保される場合は、各戸に台所、収納設備または浴室を備えずとも可）

・バリアフリー構造であること

・見守りサービス…安否確認サービスと生活相談サービスが必須の見守りサービスです。ケアの専門家が少なくとも日中建物に常駐し、これらのサービスを提供します。

・ケアの専門家…社会福祉法人・医療法人・指定居宅サービス事業所等の職員、医師、看護師、介護福祉士、社会福祉士、介護支援専門

員、介護職員初任者研修課程修了者など。

見守りサービスの他に、食事の提供、入浴等の介護（介護保険サービス除く）などの生活支援サービスが提供されている場合があります。

③サービス付き高齢者向け住宅登録制度の概要および登録基準

・住宅…床面積（原則 25㎡以上）、便所・洗面設備等の設置、バリアフリー

・サービス…サービスを提供すること（少なくとも安否確認・生活相談サービスを提供）

・契約…高齢者の居住の安定が図られた契約であること、前払家賃等の返還ルールおよび保全措置が講じられていること

・事業者の義務…入居契約に係る措置（提供するサービス等の登録事項の情報開示、入居者に対する契約前の説明）、誇大広告の禁止

・指導監督…住宅管理やサービスに関する行政の指導監督（報告徴収・立入検査・指示等）

④サービス付き高齢者向け住宅供給促進税制

・特例措置の内容

固定資産税…5 年間、税額を 2 分の 1 から 6 分の 5 の範囲内で市町村が条例で定める割合を軽減（参酌標準は 3 分の 2）。

不動産取得税…家屋は家屋課税標準から 1,200 万円控除 / 戸（一般新築特例と同じ）、土地は税額から一定額（150 万円または家屋の床面積の 2 倍（200㎡限度）に相当する土地の価格のいずれか価格の大きい額に税率を乗じて得た額）を軽減

要件…①床面積：30㎡以上 / 戸（共用部分含む。一般新築特例は 40㎡以上 / 戸）、②戸数：10 戸以上、③補助：国または地方公共団体からサービス付き高齢者向け住宅に対する建設費補助を受けていること、④構造：主要構造部が耐火構造または準耐火構造であることなど

適用期限…2021 年 3 月 31 日まで

（国土交通省ＨＰ参照）

このように、国としての軽減措置とともに、以下に説明する東京都など自治体によっても軽減措置が設けられています。地域のケア付き住まいの設置を税制面から支援し、高齢者福祉および障害者福祉の増進を図るため、認知症高齢者グループホーム、障害者グループホーム、重度身体障害者グループホームなどに対する不動産取得税および固定資産税、都市計画税を減免する制度です。

・減免の対象不動産取得税…直接地域のケア付き住まいの用に供する不動産の取得。ただし、地域のケア付き住まいの設置者が取得する場合に限る。

固定資産税および都市計画税（23区内）…直接地域のケア付き住まいの用に供する固定資産。ただし、有償で貸借する場合を除く。

・減免の割合…全額減免（10割）。ただし、直接地域のケア付き住まいの用に供する部分に限る。

・減免の申請…減免を受ける場合は、減免申請書等を都税事務所長等に提出が必要。

（東京都ＨＰより）

＜有料老人ホーム＞

有料老人ホームとは、１人以上の老人を入居させて介護等のサービスを提供する事業を行う施設です。

①対象となるサービス

対象となるサービスは、次のいずれか（他に委託して供与する場合、将来において供与することを約束する場合を含む）になります。

・食事の提供

・入浴、排せつもしくは食事の介護

・洗濯、掃除等の家事

・健康管理

　これらいずれかのサービスを提供する事業所は、老人福祉法第29条第1項の規定により、都道府県知事に有料老人ホームとして届け出る必要があります。

　②有料老人ホームの定義から除外される施設

　介護サービスを提供する施設であっても、次の施設は有料老人ホームには含まれません。

・老人福祉施設（養護老人ホーム、特別養護老人ホーム、軽費老人ホームなど）
・認知症対応型共同生活介護事業を行う住居（認知症高齢者グループホーム）

　有料老人ホームの立地条件および規模や設備については、厚生労働省により次のように決められています。

＜有料老人ホームの立地条件＞（厚生労働省老健局長の※2018年4月2日付「有料老人ホームの設置運営標準指導指針について」より抜粋）

（1）入居者が健康で安全な生活を維持できるよう、交通の利便性、地域の環境、災害に対する安全性および医療機関等との連携等を考慮して立地すること。特に、有料老人ホームは、入居者である高齢者が介護等のサービスを受けながら長期間にわたり生活する場であることから、住宅地から遠距離であったり、入居者が外出する際に不便が生じたりするような地域に立地することは好ましくないこと。

（2）有料老人ホームの事業の用に供する土地および建物については、有料老人ホーム事業以外の目的による抵当権その他の有料老人ホームとしての利用を制限するおそれのある権利が存しないことが登記簿謄本および必要に応じた現地調査等により確認できること。

（3）借地による土地に有料老人ホームを設置する場合または借家において有料老人ホーム事業を実施する場合には、入居契約の契約期間中における入居者の居住の継続を確実なものとするため、契約関係について次の要件を満たすこと。

　など多くの条件があります（上記、標準指導指針の一部の抜粋です）。

＜規模および構造設備＞（厚生労働省老健局長の※2018年4月2日付「有料老人ホームの設置運営標準指導指針について」より抜粋）

（1）建物は、入居者が快適な日常生活を営むのに適した規模および構造設備を有すること。

（2）建物は、建築基準法に規定する耐火建築物または準耐火建築物とすること。

（3）建物には、建築基準法、消防法（昭和23年法律第186号等に定める避難設備、消火設備、警報設備その他地震、火災、ガスもれ等の防止や事故・災害に対応するための設備を十分設けること。

　また、緊急通報装置を設置する等により、入居者の急病等緊急時の対応を図ること。

（4）建物の設計に当たっては、「高齢者が居住する住宅の設計に係る指針」（平成13年国土交通省告示第1301号）を踏まえて、入居者の身体機能の低下や障害が生じた場合にも対応できるよう配慮すること。

（5）建物の配置および構造は、日照、採光、換気等入居者の保健衛生について十分考慮されたものであること。

　など多くの条件があります（上記、標準指導指針の一部の抜粋）。

③有料老人ホームの種類

有料老人ホームは、「介護付」「住宅型」「健康型」の3種類に分かれています（図表3-12）。

表3-12 有料老人ホーム3種類の比較

種　類		介護付有料老人ホーム	住宅型有料老人ホーム	健康型有料老人ホーム
入居対象者	自　立	△	○	○
	要支援	○	○	○
	要介護	○	○	×
付帯サービス	食　事	○	○	○
	緊急時の対応	○	○	○
	介護サービス	○	○	×

※△：施設により異なる

ここで「介護付有料老人ホーム」とは、介護等のサービスが付いた高齢者向けの居住施設です。介護が必要となっても、有料老人ホームが提供する特定施設入居者生活介護を利用しながら、当該有料老人ホームの居室で生活を継続することが可能です。

「住宅型有料老人ホーム」とは、自立可能な高齢者が対象で、生活支援等のサービスが付いた高齢者向けの居住施設です。介護が必要となった場合は、入居者自身の選択により、地域の訪問介護等の介護サービスを利用しながら居室での生活を継続することが可能です。

また「健康型有料老人ホーム」とは、食事等のサービスが付いた高齢者向けの居住施設です。介護が必要となった場合には、契約を解除し退去しなければなりません。

多くの有料老人ホームは「介護付」と「住宅型」の2種類が中心となります

④「サービス付き高齢者向け住宅」と「有料老人ホーム」との関係

　サービス付き高齢者向け住宅において、必須の見守りサービスの他に、老人福祉法に基づく有料老人ホームの要件になっている「食事の提供」「介護の提供」「家事の供与」「健康管理の供与」のいずれかを実施している場合、そのサービス付き高齢者向け住宅は、有料老人ホームに該当します（事業者の希望の有無にかかわらず、これら４つのうちどれか１つでも実施していれば、その住宅は有料老人ホームとなり、老人福祉法の指導監督の対象になる）（**図表３-13**）。

図表３-13 サービス付き高齢者向け住宅と有料老人ホーム

出所：厚生労働省 HP より

＜介護付有料老人ホーム＞

　「介護付有料老人ホーム」とは、前述の介護等のサービスが付いた有料老人ホームのことで、運営に当たっては人員・設備・運営に関する基準をクリアし、都道府県（または市町村）から指定（認可）を受けることが条件となります。指定を受けると、介護保険制度上の「特定施設入居者生活介護」というサービスに位置付けられます。

　①介護付有料老人ホームのメリット・デメリット

　まずメリットとしては、次のようなものが挙げられます。

・24 時間体制で介護が受けられる

・少なくとも日中は看護師が常駐している

・料金は介護度による定額制なので費用の大きな変動がない

・介護サービスを多く利用しても、介護度に変更がなければ費用は変わらない

一方デメリットとしては、次のようなものになります。

・介護サービスをあまり利用しなくても、介護度による定額の介護費
　用は発生する

・希望があっても、デイサービスや訪問リハビリなどの在宅サービス
　は利用できない

②介護付有料老人ホームの種類と人員基準

　介護付有料老人ホームには、「介護専用型」と「混合型」（一部、自立
型）があり、混合型については入居時に自立している方も受け入れてい
ます（**図表3-14**）。

図表3-14 介護付有料老人ホームの種類

	介護専用型	混合型
年　　齢	原則 65 歳以上	原則 65 歳以上
介 護 度	要介護 1 ～ 5	自立～要介護 5

　また、次のような人員基準が定められています。

　介護付有料老人ホームや特定施設入居者生活介護の指定を受けている
サービス付き高齢者向け住宅では、介護保険法のもとに人員体制につい
て「3対1」という最低基準が設けられています（**図表3-15**）。

図表3-15 介護付有料老人ホームの人員基準

管理者	1 人
生活相談員	要支援・要介護者 100 人に対し 1 人
看護・介護職員	要支援者 10 人につき 1 人、要介護者 3 人につき 1 人 （例：要支援者 30 人のとき「看護職員 1 人、介護職員 2 人」）
機能訓練相談員	1 人以上
計画作成担当者	介護支援専門員 1 人以上

　これは、要介護者・要支援2の高齢者3人に対して1人の介護職員を

配置するということです。施設によっては「2.5対1」「2対1」という
ところもあり、これらは最低基準の「3対1」より手厚い人員体制を整
えていることになります。

　ただし、24時間いつでもこの比率で職員を配置しなければならない
というわけではなく、あくまで「常勤換算で」という注釈がつきます。
したがって、食事や入浴など人手が多く必要な時間帯には配置を厚くし、
深夜帯などは少人数で対応するのが一般的です。

＜住宅型有料老人ホーム＞

　「住宅型有料老人ホーム」とは、食事、洗濯、清掃等の生活支援サー
ビスが付いた高齢者施設で、介護サービスを提供することはなく、入居
者が要介護となった場合は、訪問介護などの在宅サービス事業所のスタ
ッフによる介護サービスを受けながらホームで生活をすることになりま
す。

　在宅サービス事業所が同じ建物に併設されているなど、介護付有料老
人ホームと変わらない部分もありますが、介護保険料の自己負担は在宅
サービスと同じ扱いで利用に応じて支払うため、介護度が高くなると介
護付有料老人ホームより費用が高額になる傾向があります。

　①住宅型有料老人ホームのメリット・デメリット

　住宅型有料老人ホームのメリットとしては、次のようなものが挙げら
れます。

　・自分の状態に合わせて、デイサービスに通うなど介護サービスを組
　　み合わせて利用することができる。

　・介護サービスをあまり利用しない場合は、その分費用を抑えること
　　ができる。

　・高級志向など選べる施設のバリエーションが豊富にある。

　一方、デメリットとしては次のようなものです。

・緊急時の介護の対応が難しい。

・要介護度が重くなると月々の負担が割高になる可能性がある。

・ホームに常駐するスタッフが少ない場合がある。

・介護サービスの利用頻度によって月々の費用が一定しない。

・各サービス提供事業者との契約などの煩わしさがある。

②住宅型有料老人ホームの入居基準と人員体制

　住宅型有料老人ホームの入居基準は、介護付有料老人ホームとは介護サービスを前提としたスタッフが常駐していない点で異なります。

　高齢者施設は、すべて固定資産税が減免されるわけではありません。基準となるのは、そこで高齢者が住んで生活しているかどうかです。

　有料老人ホームやサービス付き高齢者向け住宅、グループホーム等は、そこに"住む"ことになるので、減免の対象となります。一方、小規模多機能型居宅介護の施設は、自宅やホームなど別に住まいがあり、そこから施設に通ったり（デイサービス）、泊まったり（ショートステイ）するため、減免の対象にはなりません。

　高齢者施設と賃貸住宅の経営についてですが、基本的に大規模修繕に関してはオーナーの負担となります。しかし、エレベーターの点検、修理、部品の交換や、エアコンの修理、クロスの張替えなど、日常におけるメンテナンスに属するものは、賃貸住宅ではオーナー負担になることが多いですが、高齢者施設では基本的に施設の運営事業者が行います。

　メンテナンスに関しては、賃貸住宅経営に比べてオーナーにとって時間的・手間的な負担が少ないと言えるでしょう。

　高齢者施設の経営においては、基本的にオーナーは土地と建物を提供するにとどまり、運営は専門の運営事業者が行います。したがって、どのような運営事業者と組むかが非常に重要になります。

　運営事業者によって、得意な施設また得意なエリアが異なります。高

齢者施設を得意とする建築会社は、運営事業者に関する情報も豊富に有していますので、立地や目的に合わせ、しっかりと取捨選択することになります。

　高齢者施設では、運営会社が15年超の長期にわたって借り上げ、その間、土地・建物の賃貸料が安定的に支払われますが、運営会社の破綻や買収による契約内容変更のリスクもゼロではありません。

　たとえば20戸の賃貸住宅の場合、空室が1室あると単純計算で5％の損失ですが、高齢者施設の場合、運営会社が経営に失敗すると100％の損失につながるおそれもあります。したがって、運営会社の選択は大変重要なのです。

8. 保育施設の種類と特徴

＜保育施設＞

　1990年台後半より待機児童問題が顕在化し、解消のため2000年前後より、各地方自治体を中心に種々の施策が講じられることとなりました。特に認可保育事業に関しては、多くの助成金が設けられたことにより、民間企業の事業参入が相次ぎ、不動産活性化メニューの一つとして、保育施設の建築による賃貸事業が注目されました。

　①保育施設の分類と特徴

　保育施設は、大きく「認可保育所」「認証保育所」「認可外保育施設」の3つに分類されます。

　認可保育所とは、国が定めた設置基準を満たし各都道府県知事に認可された保育施設です。国策としての待機児童問題の解消のため、自治体ごとに公的資金補助が設定されています。

　認証保育所とは、前述の認可の基準に満たない場合に、東京都独自の制度・基準を設定し、東京都により認証された保育施設です。都および

各行政区の補助があります。

　また、認可外保育施設とは、設置基準の関係で国の認可を受けていない保育施設のことをいいます（認証保育所も認可外施設の一部）。

　②待機児童の数と待機児童のいる市区町村

　保育所等の待機児童の数は指定都市と中核市の合計で、30年の1万9,895人から31年は1万6,772人と3,123人減少しました（**図表3-16**）。一方で、待機児童がいる市区町村数は442（全市区町村の25.0％）で、前年から7増えています。

　待機児童が50人以上の市区町村は93で、前年から17減っています。また、そのうち待機児童が100人以上の市区町村は40で、前年から8減っています（**図表3-17**）。

図表3-16　保育所等待機児童数の状況

	31年4月1日 （A）	30年4月1日 （B）	差　引 （A-B）
待機児童数	16,772人	19,895人	▲ 3,123人

出所：厚生労働省「Press Release」より

図表3-17　待機児童のいる市区町村数　　　　　　　　　　　（　）内は前年

待機児童数	市区町村
100人以上	40（48）
50人以上100人未満	53（62）
1人以上50人未満	349（325）
計	442（435）

出所：厚生労働省「Press Release」より

　都市部の待機児童として、首都圏（埼玉・千葉・東京・神奈川）、近畿圏（京都・大阪・兵庫）の7都府県（指定都市・中核市含む）とその他の指定都市・中核市の合計は1万625人で、全待機児童の63.3％（前

年から6.7ポイント減）を占めています。

（厚生労働省保育所入所待機児童数調査より）

　厚生労働省子ども家庭局保育課のプレスリリース（令和1年9月6日）の「全国待機児童マップ」（**図表3-18**）には、全国の都道府県ごとの待機児童数が掲載されています。

③保育施設設置と運営に関する助成金

　待機児童問題の解消に向けて、各地方公共団体では様々な補助が用意されていますが、まず税制面での建設費および賃借料に関する助成金について、東京都を例に挙げて説明します。また、この助成金は東京都以

図表3-18　全国待機児童マップ（都道府県別・平成30年4月1日）

平成30年4月1日現在 （都道府県数）

- 100人未満 （24）
- 100人以上500人未満 （13）
- 500人以上1,000人未満 （ 5）
- 1,000人以上3,000人未満 （ 4）
- 3,000人以上5,000人未満 （ 0）
- 5,000人以上 （ 1）

注：各都道府県には指定都市・中核市を含む。

外の多くの自治体でも制定しています。

④東京都における認証保育所に対する税制上の特例

東京都認証保育所事業実施要綱で定める要件を充たし、都知事が認証した「認証保育所」の設置を税制面から支援し、児童福祉の増進を図るため、認証保育所に対する不動産取得税、固定資産税・都市計画税および事業所税を減免する制度です。

・減免の対象

不動産取得税…直接認証保育所の用に供する不動産の取得。ただし、認証保育所の設置者が取得する場合に限ります。

固定資産税・都市計画税（23区内）…直接認証保育所の用に供する固定資産に限ります。ただし、有償で賃借する場合を除きます。

有償で土地を賃貸する場合は、有料で借り受けた者が保育所等として使用する土地に対する固定資産税・都市計画税の減免に該当する場合があります。

事業所税（23区内）…直接認証保育所の用に供する施設に限ります。

・減免の割合

全額減免（10割）。ただし、直接認証保育所の供する部分に限ります。

・減免の申請

減免を受ける場合は、減免申請書等を都税事務所長等に提出する必要があります。

＜有料で借り受けた者が保育所等として使用する土地に対する固定資産税・都市計画税の減免（23区内）＞

待機児童の解消に向け、民有地を活用した保育所等の整備促進を税制面から支援するため、23区内において、保育所等のために有料（※1）で貸し付けられた土地のうち、以下の要件を全て充たすものについて、固定資産税および都市計画税を減免します。

＜減免の要件＞

次の要件をいずれも満たす土地

１．毎年１月１日の時点で、以下のいずれかの保育施設（保育所等）に使用されていること

・認可保育所

・認定こども園（幼保連携型・保育所型・地方裁量型）

・認証保育所

・小規模保育事業所

・事業所内保育事業所（利用定員６人以上）

２．毎年１月１日の時点で、上記１．の設置者に有料で直接貸し付けられていること

３．平成28年11月１日から平成33年３月31日までの間に、以下の（１）および（２）のいずれも行われたこと。

（１）当該土地に係る賃貸借契約（※２）を新たに締結

（２）上記（１）の契約締結後、保育所等を新規開設

※１自己所有または無料貸付の場合は、今回創設する措置の対象とはならず、既存の非課税措置または減免措置の対象となります。

※２ "当該土地の賃貸借契約" または "当該土地を敷地とする家屋の賃貸借契約"

＜減免される割合＞

・上記の要件に該当する土地に係る固定資産税・都市計画税を全額減免

（保育所等の用に供されている部分の税額に限ります）

＜減免される期間＞

・保育所等を新規開設後、新たに課税される年度から最長5年度分

2018年1月25日　東京都主税局HPより

　このように、自治体ごとに助成金や待機児童数削減に向けての姿勢に違いがあります。また事業の募集受付期間などの制約もありますので、その現状を市役所などにヒアリングし、運営事業者の意向も確認のうえで、お客様に遊休地の活用方法の一つとして提案します。

　厚生労働省子ども家庭局保育課で、自治体ごとの各年度の10月1日現在の待機児童数が翌年4月中旬に発表になります。また同省子ども家庭局子育て支援課では、各年次の保育所等整備助成金の自治体ごとの内示額一覧表を確認できます。この保育所等整備助成金は年度内で4〜6次実施され、かなりの総額が交付されます（**図表3-19**）。

図表3-19　令和1年度保育所整備交付金の内示額

	自治体数	交付内示額　　百万
1次	21	3,014
2次	206	25,772
3次	81	8,590
4次	75	2,531
5次	54	799
6次	1	8

出所：厚生労働省子ども家庭局HPより

　ここまでご紹介したように、現在、保育所の社会的ニーズは極めて高く、自治体も認可保育種の設置を積極的に進めています。

　設置場所や規模は比較的条件が厳しく、適合する立地、広さの土地（例えば○○駅から徒歩○○分圏内で、広さが○○㎡〜○○㎡など）でなければ認可されません。逆に、条件が合致し認可されれば、安定経営にとっては非常に有利になります。

　自治体は、そのエリアにおいては必要数しか認可しません。ですから、将来にわたり経営における競合が現れないということになります。乳幼児施設については、2015年頃から待機児童解消問題が大きくクローズアップされ、政府が2017年度末としていた待機児童解消の目標を3年先送りし、2018年度から2020年度までに、新たに22万人分の受け皿を整備することが決まったことで、待機児童解消に向け官民挙げて本腰が入りました。

　そこで、東京都をはじめとする自治体からの認可保育所の運営事業者に対して補助金が制度化されたこと、さらには東京都、市川市、川口市、戸田市をはじめとする自治体では、2016年11月1日から2022年3月31日までの間に認可保育所を新規開設した場合、土地の固定資産税、都市計画税を5年度分10割減免するという制度を設けました。

　また、名古屋市においては隠れ待機児童解消のため、認可保育所の設定月額賃料の上限を100万円にまで引き上げ、さらに最大21ヵ月分を礼金として支払うための予算を、平成31年度から組み入れています。全国の各自治体独自の補助金なども拡充されていますので、皆さんの関係するエリアの自治体のHPチェックは必須です（自治体により異なるため詳細を確認のこと）。

　さらに、令和になって待機児童問題は解消に向かって道半ばの様態を呈してきました。全国の待機児童数は前述の平成30年4月1日現在19,895人から平成31年4月1日現在16,772人と3,123人減少していますが（厚生労働省HPより）、待機児童のいる市町村数は7増加して442市町村になっています。

　待機児童が100人以上いる市町村数は8減少しましたが、それでもなお40市町村に上ります。また近年は隠れ待機児童問題が顕著で、名古屋市などは待機児童数がゼロにもかかわらず、隠れ待機児童が平成31年4月1日現在で914人にのぼり4年連続で増えています。

隠れ待機児童とは、希望する保育所に入れず利用を保留する、または複数申込みができる保育所の希望を1ヵ所しか書かない人などで、保育所の定員が児童数を上回れば、その自治体の待機児童は0となりますが、実態は保育所の利便性や兄弟姉妹で異なる保育所になるリスクがあり、利用を保留する児童の人数が隠れ待機児童と言われています。

　名古屋市などは、独自の優遇を準備し隠れ待機児童の減少に躍起となっています。名古屋市に限らず県庁所在地などの主要自治体の隠れ待機児童数と思われるデータが、厚生労働省子ども家庭局保育科のプレスリリース令和元年9月6日付、保育所等関連状況とりまとめ（平成31年4月1日）および「子育て安心プラン」集計結果を公表、の添付資料にて確認できます。

　図表3-20は全国県庁所在都市および政令指定都市、東京23区の一部を抜粋しましたが、この表の右端が待機児童数ですが、右から3番目の「特定の保育園のみを希望している者」が隠れ待機児童として考えなければなりません。親の就業や兄弟姉妹と同じ保育所に通わせたいという願いがここに現れています。

　この数字を減らしていかないと2人目の子供を持つことのハードルがなかなか解消されません。

＜高齢者施設、保育所等公共施設の方向性＞
　サービス付き高齢者向け住宅や有料老人ホームは認可が不要なため、将来的に競合が現れる場合もあります。

　「公共建築物等における木材の利用の促進に関する法律」（平成22年法律第36号）が成立し、平成22年5月26日に公布され、同年10月1日に施行されました。同法は国有資源の再生や地方林業の活性化に目を向けられがちですが、元来、木を使った建築物は人や環境にやさしく、木造の診療所・保育施設・介護施設を利用するお客様や従事者からの評

図表３-20 申込者の状況

（参考）申込者の状況（平成 31 年４月１日）
＊市区町村からの報告に基づき単純に積み上げた数値である。

市区町村	申込者数	保育所を利用している者	幼保連携型認定こども園を利用している者	幼稚園型認定こども園等を利用している者	地域型保育事業等を利用している者	特例保育等を利用している者	企業主導型保育事業を利用している者	地方単独事業を利用している者	育児休業中の者	特定の保育園等のみ希望している者	求職活動を休止している者	待機児童
札幌市	32,232	22,882	5,194	437	1,772	294	264	0	0	1,152	237	0
青森市	6,927	3,736	2,302	690	76	0	78	0	0	45	0	0
盛岡市	7,053	5,048	1,361	113	281	1	46	0	0	122	81	0
仙台市	21,209	16,859	1,802	64	1,819	16	100	16	0	305	107	121
秋田市	6,983	4,443	2,046	160	230	33	2	0	0	52	17	0
山形市	6,066	3,933	1,545	211	197	1	9	2	0	118	11	39
福島市	5,325	3,749	676	141	349	28	10	59	17	173	26	97
水戸市	5,658	4,722	324	139	246	0	7	0	19	183	0	18
宇都宮市	11,179	8,495	1,382	102	726	0	7	0	0	467	0	0
前橋市	7,673	3,682	3,467	350	0	0	17	0	17	140	0	0
さいたま市	24,751	19,939	476	183	2,116	31	47	350	407	532	277	393
川越市	5,405	4,361	302	0	414	0	0	21	22	191	74	20
川口市	11,010	8,868	48	0	971	4	7	25	262	626	123	76
千葉市	17,543	14,612	759	684	1,059	15	4	13	0	384	9	4
船橋市	13,041	11,591	473	133	371	0	8	14	10	346	23	72
千代田区	1,666	1,440	0	0	75	0	6	57	0	84	0	4
中央区	5,282	4,515	1	1	55	15	85	112	113	168	20	197
港区	7,775	5,117	2	0	176	0	11	1,838	8	620	3	0
新宿区	6,569	6,017	340	3	121	2	7	50	0	27	0	2
文京区	5,700	4,923	0	0	200	15	21	139	44	298	14	46
台東区	4,058	3,003	74	0	264	0	33	273	0	332	0	79
墨田区	6,956	5,838	344	8	218	0	18	130	180	88	49	83
江東区	14,113	12,621	191	72	263	0	26	372	66	408	43	51
品川区	10,947	10,031	1	0	252	5	5	236	6	362	37	12
目黒区	6,266	5,041	7	46	271	0	28	513	0	281	0	79
大田区	15,337	13,283	0	0	437	5	98	861	125	324	88	116
世田谷区	18,321	16,074	400	72	288	40	51	497	27	395	7	470
練馬区	16,235	14,223	2	200	1,024	89	17	153	62	401	50	14
横浜市	69,708	61,550	2,025	124	2,778	0	0	774	797	1,320	294	46
川崎市	33,471	29,356	332	198	813	127	148	1,011	601	745	126	14
相模原市	13,406	8,453	3,554	319	581	19	7	72	17	232	144	8
新潟市	22,515	16,173	5,907	125	266	0	0	0	0	38	6	0
富山市	11,188	3,278	7,443	177	81	12	19	0	0	178	0	0
金沢市	12,421	6,403	5,680	324	0	0	11	0	0	3	0	0
福井市	8,381	2,145	6,171	20	0	0	2	0	3	34	6	0
甲府市	4,376	2,362	1,696	232	32	0	6	0	0	48	0	0
長野市	8,130	6,786	1,244	55	28	0	1	0	0	5	0	11
岐阜市	5,846	4,111	1,307	27	401	0	0	0	0	0	0	0
静岡市	13,906	5,194	7,788	60	702	9	0	4	25	120	4	0
浜松市	13,955	5,974	6,768	0	767	12	70	35	0	287	11	31
名古屋市	48,242	38,108	6,970	92	2,143	3	12	0	0	914	0	0
津市	6,312	4,141	1,965	0	35	0	10	0	0	161	0	0
大津市	8,335	6,269	1,633	24	274	0	7	0	0	128	0	0
京都市	32,037	24,706	5,117	75	1,580	71	23	0	106	359	0	0
大阪市	55,099	44,701	4,771	837	2,495	7	90	5	374	1,369	422	28
堺市	19,002	2,437	14,464	337	883	176	22	0	123	301	201	58
神戸市	28,824	11,194	13,918	640	1,875	0	46	12	107	740	75	217
奈良市	6,066	3,389	2,371	31	74	4	12	0	0	116	0	69
和歌山市	6,845	3,870	2,956	0	0	0	0	0	0	0	0	19
鳥取市	5,863	4,894	736	99	130	0	0	0	0	3	1	0
岡山市	18,329	11,850	4,088	306	616	24	175	189	54	642	32	353
広島市	27,898	23,408	2,978	66	648	15	0	0	0	624	123	36
下関市	5,301	3,537	1,491	208	0	6	2	0	0	49	0	8
徳島市	6,514	4,094	1,967	0	158	7	45	0	0	204	0	39
高松市	10,171	7,174	2,039	524	204	1	9	0	0	139	4	77
松山市	7,862	5,032	1,528	404	559	99	30	0	0	177	0	33
高知市	10,613	9,147	432	753	202	0	3	2	0	40	0	34
北九州市	18,047	15,640	10	1,034	790	14	26	0	0	373	160	0
福岡市	39,489	35,473	619	117	1,970	40	7	0	0	1,242	1	20
佐賀市	6,342	3,326	1,852	721	270	0	65	0	0	100	0	8
長崎市	10,317	6,858	3,047	207	12	0	0	0	0	193	0	0
熊本市	22,118	11,081	8,894	325	1,216	0	58	0	0	538	0	0
大分市	11,129	6,425	3,494	229	281	26	7	0	0	633	9	25
宮崎市	12,292	6,743	4,853	411	127	0	11	0	0	104	0	43
鹿児島市	13,707	10,220	2,547	314	0	0	104	0	13	294	6	209
那覇市	11,564	8,381	2,495	6	292	8	2	0	0	110	0	250
計	2,783,889	2,059,132	493,397	45,256	81,866	7,072	6,467	13,120	6,787	46,724	7,296	16,772

出所：厚生労働省こども家庭局 HP より

価が高いうえ、林野庁では、木造建築物の健康面・安全面でのデータを
数多く紹介しています。

図表3-21は特別養護老人ホームの入居者を対象に、各施設の木材使用度別に身体の不調を訴えた入居者の比率をまとめたものです。

図表3-21　木材使用度別の心身不調出現率比較

入居者の身体不調の内容	対入居者比（%）	
	木材使用の多い施設	木材使用の少ない施設
インフルエンザ罹患者	16.2	21.4
ダニ等でかゆみを訴えた入居者	4.4	5.4
転倒等により骨折等をした入居者	8.0	12.1
不眠を訴えている入居者	2.4	5.3

出所：全国社会福祉協議会「高齢者・障害者の心身機能の向上と木材利用－福祉施設内装材等効果検討委員会報告書」

　木材は、人の生理面や心理面に良い影響を与えることが知られています。例えば、特別養護老人ホームでの調査によると、木材を多く使用している施設ではインフルエンザにかかったり、転んで骨折をしたりする入居者が少ないという結果が出ています。

　また、木材が健康に良い影響を及ぼすことは、静岡大学農学部で実施した動物実験でも確かめられています。このマウスを使った実験では、木製の飼育箱で生活するマウスの方が、金属やコンクリートの飼育箱より生存率が高いという結果が出ています。体重の変化を見ても同様です（**図表3-22**）。

図表3-22　素材の異なるケージでのマウスの生存率と成長

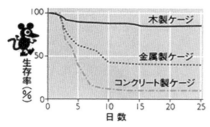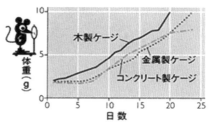

出所：伊藤他、静岡大学農学部（1987年）

　特殊木造建築はＲＣ造と同等の性能を有しながら固定資産としての評価を低く抑え、減価償却も短いという特徴がありＲＣ造と同等の耐火認定を受けており、耐震性能も高く、比較的大きな施設の建築も可能です。節税対策にも適しており、多くのメリットがあると言えるでしょう。

　次に事例を２つ紹介します。

＜事例１＞首都圏地方銀行からの案件

　金融機関の担当者が駐車場所有のお客様からの有効活用提案の結果、「補助金利用のうえでの相続対策」をしたいとの相談があり、金融機関から調査と提案の依頼がありました。初期段階から金融機関担当者とお客様宅に訪問・説明し、事業の優位性を説明。認知症グループホーム、特別養護老人ホーム、認可保育所などを比較提案の上で最終的に認可保育所の計画となりました。

・木造２階建て、敷地面積 332 坪、建物延床面積 183 坪
・事業方式は建て貸し方式
・スケルトン工事費（構造部分）建築主負担 1.8 億円
・インフィル部分（内装等）運営事業者負担 1.3 億
・運営事業者に対し概ね 92％程度補助可能

＜事例２＞首都圏信用金庫からの案件

　金融機関の担当者がお客様所有の貸駐車場の有効活用の相談を受け、金融機関より筆者の所属していた会社に「保育所に詳しい担当者を連れてきて欲しい」との要請がありました。

　そこで、金融機関の支店長同席のもとで顧客と面談しました。その際保育施設の概要を説明し、自治体へのヒアリング許可を得て自治体と協議。自治体からの回答を得て金融機関からお客様に意思確認をしていただき、保育所運営事業者を募集開始しました。

立地条件が事前に運営事業者の希望エリアということが分かっていたため、運営事業者から即日出店回答が入りました。

　このように、高齢者向けの施設や、子育てに関わる施設には各種、選択肢があります。どのような施設をどのように経営していくかは、様々な条件に照らし合わせて考えていく必要があります。まずは土地の広さと立地条件。そこにはどのような施設が建築可能か、建築に関する規制はあるかなど。また、当該エリアでのニーズはどこにあるのか。行政はどのような施設を求めているか。当該エリアに強い運営事業者はいるかなど（**図表3-23**）。

図表3-23　有効利用の仕組み

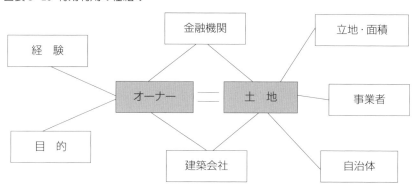

《建築用途別に必要な敷地の広さの目安》

　次にオーナー自身として、どのような課題を持っているのか。他にも活用している土地があるのか、節税対策がしたいのか、相続税対策をしたいのか、そのためにはいくら資金調達ができればよいのか、さらには地域にどのような形で貢献していきたいのかなど。
　これらの様々な要素を鑑みながら、オーナー、金融機関、建築会社、運営事業者が一体となって、プロジェクトを進めていくことが、土地活用成功のカギと言えるでしょう。

国の施策の変遷と
方向性

1. 地域連携ネットワークとは

＜地域連携ネットワークと金融機関＞

　いま、地域連携ネットワークを住民の身近に構築していく必要性が強く求められています。その地域連携ネットワークの概念図が、**図表4-1**になります。

　この地域連携ネットワークは、地域包括ケアシステムの上位概念とも考えられます。イメージ図には地域包括ケアのチームを弁護士会、司法書士会などの士業や自治体もしくは委託機関などとともに、地域金融機関が地域連携ネットワークに関わることが見て取れます。

図表4-1　地域連携ネットワークのイメージ

● 「成年後見制度利用促進基本計画」では、全国どの地域においても成年後見制度の利用が必要な人が制度を利用できるよう、権利擁護支援の「地域連携ネットワーク」を各地域で構築するとされている。

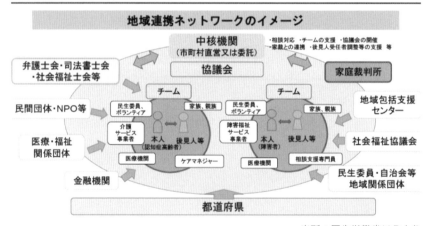

出所：厚生労働省ＨＰより

　ところが、**図表4-2**にあるように地域連携ネットワークの中核機関に金融機関が構成員となっているのは、2019年7月時点で4団体しかありません。本来、地域金融機関こそが地域住民のための地域連携ネットワークを構築していく重要メンバーになることが望まれるはずです。

図表４-２　地域ネットワークにおける中核機関の設置状況

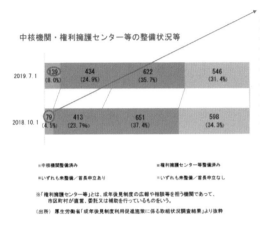

● 地域連携ネットワークにおける中核機関の設置状況は、2019年7月時点で139団体（全1741自治体）。
● 2018年10月では同設置状況は79団体であったところ、このうち金融機関が構成員となっているのは4団体のみにとどまっている。

中核機関・権利擁護センター等の整備状況等

■中核機関整備済み
■いずれも未整備／首長申立あり
■権利擁護センター等整備済み
■いずれも未整備／首長申立なし

※「権利擁護センター等」とは、成年後見制度の広報や相談等を担う機関であって、市区町村が直営、委託又は補助を行っているものをいう。

（出所）厚生労働省「成年後見制度利用促進施策に係る取組状況調査結果」より抜粋

○ 協議会等における構成員・構成団体（複数回答）
※（）内は協議会等設置79市区町村に対する割合

構成員・構成団体	
都道府県	24 (30.4%)
市町村	73 (92.4%)
学識経験者	34 (43.0%)
弁護士（会）	61 (77.2%)
司法書士（会） リーガルサポート	61 (77.2%)
社会福祉士（会）	55 (69.6%)
精神保健福祉士（会）	12 (15.2%)
税理士（会）	7 (8.9%)
行政書士（会）	17 (21.5%)
医師（会）	38 (48.1%)
当事者・家族会	14 (17.7%)
地域包括支援センター	59 (74.7%)
障害者相談支援事業所	43 (54.4%)
介護・福祉サービス事業者	45 (57.0%)
医療機関	22 (27.8%)
民生委員	36 (45.6%)
自治会	19 (24.1%)
社会福祉協議会	74 (93.7%)
金融機関	4 (5.1%)
家庭裁判所	33 (41.8%)
その他	17 (21.5%)

出所：厚生労働省ＨＰより

　高齢になってくるとともに認知能力の低下は避けられない状況になるとともに、金融資産、不動産資産など契約行為を伴ったり、意思確認を必要とする行為全般に不都合が発生してきます。任意後見制度や法定後見制度の中では、被後見人の財産の保全が最優先となるため、制度自体の利用がしにくいことも実態としてあります。

　図表４-３のように、後見制度支援信託や後見制度支援預貯金を用意している金融機関も多いと思いますが、**図表４-４**のように導入している金融機関はまだまだ少ないのが現状です。そのため、地域連携ネットワークの中核機関に金融機関の参加が望まれています。高齢者を主な対象とする信託商品の開発・販売状況は**図表４-５**に、金融機関の課題については**図表４-６**にまとめられていますので、参考にしてください。

　後見制度の問題点の一つが後見監督人です。適切な後見監督人として、地域金融機関がその一翼を担うことは必然ではないでしょうか。

図表 4-3 後見制度支援信託および後見制度支援預貯金のスキーム

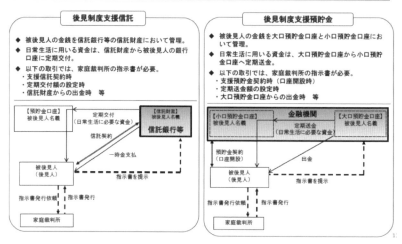

出所：厚生労働省ＨＰより

図表 4-4 後見制度支援預貯金・後見制度支援信託の導入状況

> 2018年12月末時点において、後見制度支援信託又は後見制度支援預貯金を導入している金融機関は約12％。
> 後見制度支援信託又は後見制度支援預貯金を導入予定の金融機関は約43％。導入済の金融機関と導入予定の金融機関を合わせると約55％。

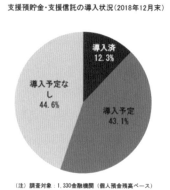

出所：厚生労働省ＨＰより

図表4-5　高齢者を主な対象とする信託商品の開発・販売状況

● 高齢者を主な対象とする様々な信託商品も開発・販売されている。

	A信託銀行	B信託銀行	C信託銀行
信託金額	500万以上（上限なし）	200万以上（上限なし）	1,000万円以上（上限なし）
サービス開始時期	認知症診断書の提出時	契約時	契約時
契約時における本人の認知能力	要	不要 （後見人による申し込み可）	要
サービス概要	予め代理人を指定した上で、本人が認知症と判定された後、本人による解約を制限し、以下のサービスを提供。 ○お支払いチェックサービス 　10万円以上の医療費や介護費等の代理人からの支払請求に対し、信託銀行が内容をチェックした上で支払い ○自動振替サービス 　本人口座に対して、月あたり50万円以内の定時定額支払い	○専用アプリでの払い出し 　予め代理人と閲覧者を指定し、本人又は代理人が支出した内容の請求書等をアプリに掲載。親族が支払内容に問題ないことを確認し、支払い。 ○自動振替サービス 　本人又は代理人口座に対して、月あたり20万円以内の定額支払い（毎月）	○防犯安心機能 　予め同意者を決めた上で、同意者の同意を得て、本人の請求を支払い ○年金受取機能 　毎月15日に指定の金額を支払い ○まかせる支払い機能 　予め代理人を決めた上で、本人の認知能力や身体機能の衰えがあった場合、代理人の請求に従い支払い（本人の医療・介護等の支出に限る） ○おもいやり承継機能 　相続時、予め指定した家族等の請求により、100万～500万以内で本人が指定していた金額を支払い
代理人	・委託者が3親等以内の親族 　または弁護士等から指定	同左	・委託者が4親等以内の親族 　または弁護士等から指定
信託報酬	【信託設定時】 信託金額の1.0%、上限200万円 【信託設定後（契約期間中）】 （認知症診断書の提出後）月3,000円	【信託設定時】 5000万円以下の部分：1.5% 5000万円超の部分：1.0% 上限150万円、下限10万円 【信託設定後（契約期間中）】 月480円	【信託設定時】 設定する信託金額に対して1.00% 上限110万円 【信託設定後（契約期間中）】 月5,500円又は月8,800円（プラン毎）

※上記以外にも、死後事務の費用や寄付の資金管理、予め当行が把握した本人の身の回りの希望に沿って死後事務を履行する一般社団法人を紹介する
　サービスなどを組み込んだ信託商品も存在する。

出所：厚生労働省ＨＰより

図表4-6　金融機関の課題

課題

○　認知判断能力が低下・喪失した者の資産の有効活用や金融サービスの円滑な提供がなされない。（日常生活や入院費等への支出が困難など）
○　金融機関において、認知症等への理解・対応が必ずしも十分ではない。
○　金融機関の利用者においても、認知判断能力の低下・喪失への備えが必ずしも十分ではない。

対応の方向性

本人の判断能力の状況				
判断能力あり	日常生活に不安あり	不十分	著しく不十分	欠ける

任意後見契約　　　　　　　　　　　　　任意後見の効力発生

　　　　　　　　　　　　　　補助　　　　　保佐　　　　　後見

　　　　　　　　　　日常生活自立支援事業

顧客等の認知判断能力が低下した場合に、どのように財産管理を行うかについて、事前の検討を促す取組

他の機関との連携　等
● 地域連携ネットワークの中核機関や社会福祉協議会など地域社会を支える他の機関との質的・量的に十分な連携
● 認知判断能力が低下しつつある又は低下した者を抱える家族が相談できる機関・窓口の案内
● 職員の認知症に対する理解の向上、他の関係者との相互理解を深める取組

金融商品販売後のフォローアップ

顧客の認知判断能力の低下を認識した場合の対応

後見制度支援信託、後見制度支援預貯金、その他の使い勝手の良い金融商品やサービスの開発・導入

預貯金の引き出し等に関する代理権の在り方（委任状による引き出しや代理人設定が認められない、法人を代理人とすることが認められない、保佐・補助制度を利用すると、本人（被保佐人・被補助人）による引き出しが認められないなど）

出所：厚生労働省ＨＰより

２．地域包括ケアシステムとは

　日本は、諸外国に例をみないスピードで高齢化が進行しています。65歳以上の人口は現在 3,000 万人を超えており（国民の 4 人に 1 人）、その後 2042 年には約 3,878 万人でピークを迎えますが、75 歳以上の人口の割合は将来も増加し続けることが予想されています（**図表4-7**）。

図表4-7　高齢者人口の推移

	2012 年 8 月	2015 年	2025 年	2055 年
65 歳以上高齢者人口（割合）	3,058 万人（24.0%）	3,395 万人（26.8%）	3,667 万人（30.3%）	3,626 万人（39.4%）
75 歳以上高齢者人口（割合）	1,511 万人（11.8%）	1,646 万人（13.0%）	2,179 万人（18.1%）	2,401 万人（26.1%）

出所：総務省統計局、厚生労働省ＨＰより

　このような状況の中、介護保険法第 5 条第 3 項（平成 23 年 6 月改正、24 年 4 月施行）は以下の文言となっています。

　『国及び地方公共団体は、被保険者が、可能な限り、住み慣れた地域でその有する能力に応じ自立した日常生活を営むことができるよう、保険給付に係る保健医療サービスおよび福祉サービスに関する施策、要介護状態等となることの予防又は要介護状態等の軽減若しくは悪化の防止のための施策並びに地域における自立した日常生活の支援のための施策を、医療及び居住に関する施策との有機的な連携を図りつつ包括的に推進するよう努めなければならない』とあります。

　団塊の世代（約 800 万人）が 75 歳以上となる 2025 年以降は、国民の医療や介護の需要がさらに増加することが見込まれています。このため厚生労働省においては、2025 年を目処に高齢者の尊厳の保持と自立生活の支援の目的のもとで、可能な限り住み慣れた地域で、自分らしい暮

らしを人生の最後まで続けることができるよう、地域の包括的な支援・サービス提供体制（地域包括ケアシステム）の構築を推進しています。

　地域包括ケアシステムとは地域の事情に応じて高齢者が可能な限り、住み慣れた地域でその有する能力に応じ自立した日常生活を営むことができるよう、医療、介護、介護予防、住まいおよび自立した日常生活の支援が包括的に確保される体制のことをいいます（厚生労働白書）。

　この地域包括ケアシステムは、厚生労働省の肝いり施策の一つで、住まい・医療・介護予防・生活支援が一体的に提供されるものです。今後、認知症高齢者の増加が見込まれることから、認知症高齢者の地域での生活を支えるためにも、この地域包括ケアシステムを構築することが重要となっています。

　人口が横ばいで75歳以上人口が急増する大都市部、75歳以上人口の増加は穏やかだが人口は減少する町村部等、高齢者の進捗状況には大きな地域差が生じています。そこで、保険者である市町村や都道府県が、地域の自主性や主体性に基づき地域の特性に応じて作り上げていくことになります。

図表4-8　地域別・将来の高齢者人口の見通し

	埼玉県	千葉県	神奈川県	大阪府	愛知県
2010年 ＜ ＞は割合	58.9万人 <8.2％>	56.3万人 <9.1％>	79.4万人 <8.8％>	84.3万人 <9.5％>	66.0万人 <8.9％>
2025年 ＜ ＞は割合 （ ）は倍率	117.7万人 <16.8％> （2.00倍）	108.2万人 <18.1％> （1.92倍）	148.5万人 <16.5％> （1.87倍）	152.8万人 <18.2％> （1.81倍）	116.6万人 <15.9％> （1.77倍）
	東京都	鹿児島県	島根県	山形県	全国
2010年 ＜ ＞は割合	123.4万人 <9.4％>	25.4万人 <14.9％>	11.9万人 <16.6％>	18.1万人 <15.5％>	1419.4万人 <11.1％>
2025年 ＜ ＞は割合 （ ）は倍率	197.7万人 <15.0％> （1.60倍）	29.5万人 <19.4％> （1.16倍）	13.7万人 <22.1％> （1.15倍）	20.7万人 <20.6％> （1.15倍）	2178.6万人 <18.1％> （1.53倍）

出所：総務省統計局、厚生労働省ＨＰより

将来の高齢者人口の見通しは**図表4-8**の通りですが、首都圏、大阪府、愛知県などの大都市部では、75歳以上人口が急速に増加し2010年から2025年までの15年間において埼玉県で2倍、その他都市部でも1.6～1.9倍となりますが、地方においては1.15～1.2倍程度と比較的ゆっくりと増加していきます。

　今後の高齢者人口の見通しは、2025年度を目処に地域包括システムの構築と2040年頃までの老人施設の充実を避けて通れないものとして考えさせられます。

　市町村では2025年に向けて、3年ごとの介護保険事業計画の策定、実施を通じて、地域ごと（中学校校区程度の広がりのイメージ）地域の特性に応じた地域包括ケアシステムを構築していかなければなりません（**図表4-9**）。全国の市町村では地域包括ケアシステムの構築に取り組んでいますが、市町村ごとに進捗状況はまちまちです。

図表4-9　市町村における地域包括ケアシステム構築のプロセス

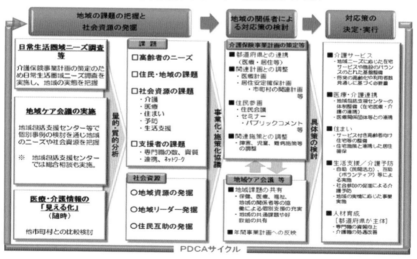

出所：厚生労働省ＨＰより

　地域包括ケアは厚生労働省の肝いり施策ですが、全国8ヵ所の地方厚生局により取組みに濃淡があるように感じられます。非常に積極的に推

進している関東信越厚生局のホームページには、関東地方厚生局地域包括ケア推進本部の業務推進基本方針が、以下のように高らかに記載されています。

　関東信越厚生局地域包括ケア推進本部の業務推進基本方針
　関東信越厚生局地域包括ケア推進本部は、管轄区域内市区町村の医療介護連携、地域包括ケアの取り組みを推進するため、都県への支援を行うこと及び都県の役に立つ業務を実施することを基本コンセプトとして、下記の点に留意の上、業務を推進する。
記

　一　各本部員は、管内都県の地域包括ケアに関する情報の収集に努めるとともに、これを地域包括ケア推進課にフィードバックし、同課における情報の集約に協力する。

　二　地域包括ケア推進課は、関東信越厚生局における地域包括ケア推進業務の中心となり、組織全体での情報や課題の共有、取組の推進に努め、都県との連携体制を構築しつつ、情報の収集発信や啓発活動の実施等の具体的業務を遂行する。

　三　健康福祉課及び医事課等は、補助金執行や養成施設の指導監督等の業務の遂行に当たり、地域包括ケア推進課との連携・支援に努める。

　四　都県事務所長は、地域包括ケア推進課併任者の協力を得て、地域包括ケアの推進について、都県の窓口としての機能を果たすよう努めるとともに、各都県において地域包括ケア推進課が事業を実施する場合には、これに連携・協力する。

　地域金融機関として、地域包括ケアシステムへの参画を考えるときに重要なのは、金融ジェロントロジーの観点から認知機能の低下の進行を遅れさせるような取組み支援や、介護施設などのオペレーションを担う

社会福祉法人や、医療福祉法人との連携によるサービス付き高齢者専用賃貸住宅、老人ホームなどの地域包括ケアの中心となる住まいを提供できる関係性と地域医療の先端となる、かかりつけ医の開業支援等ではないでしょうか。

　この開業支援については地域金融機関にとって大変有意義な遊休地活性化の一つの方策になると思います。

<地域包括ケアシステムの構築>

　地域包括ケアは近年の最重要課題ともいうべきものであり、全国の地方厚生局もこの推進に注力しています。厚生労働省関東信越厚生局のホームページ（ＨＰ）に掲載されている概念図（**図表4-10**）には、厚生労働省の想いが分かりやすく表現されています。

　この概念図の中央に住まいが定義されていることは非常に重要で、こ

図表4-10　地域包括ケアシステムの姿

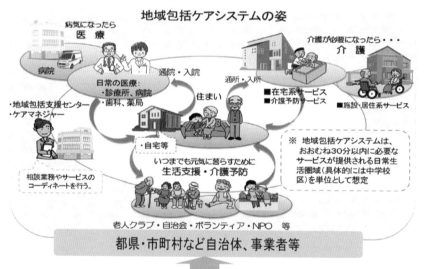

出所：厚生労働省関東信越厚生局ＨＰより

こでいう「住まい」とは、サービス付き高齢者住宅、老人ホーム、自宅等を指しています。

　また、地域包括支援センターは、地域の高齢者の総合相談、権利擁護や地域の支援体制作り、介護予防の必要な援助などを行い、高齢者の保健医療の向上および福祉の増進を包括的に支援することを目的とし、地域包括ケア実現に向けて市町村が設置している中核的な施設です。

　市町村以外でも自治体から委託された社会福祉法人や社会福祉協議会、民間企業などが運営しているケースもあり、全国で4,382ヵ所に設置されています（厚生労働省ＨＰ）。

　地域包括ケアシステムを構築するためには、高齢者個人に対する支援の充実と、それを支える社会基盤の整備とを同時に進めることが重要です。厚生労働省として地域ケア会議を推進しています（**図表4-11**）。

　具体的には、地域包括支援センター等が主催し、次の①〜③のような取組みを行います。

図表4-11 地域ケア会議とは

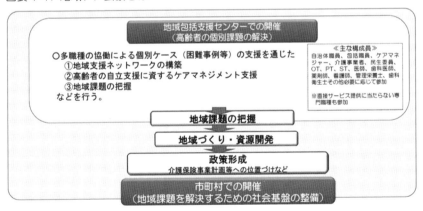

出所：厚生労働省ＨＰより

①医療、介護等の多くの職種が協働して高齢者の個別課題の解決を図るとともに（厚生労働省ＨＰ）、介護支援専門員の自立支援に資するケアマネジメントの実践力を高める。

②個別ケースの課題分析等を積み重ねることにより、地域に共通した課題を明確化する。

③共有された地域課題の解決に必要な資源開発や地域づくり、さらには介護保険事業計画への反映などの政策形成につなげる。

このように、地域包括支援センターや各自治体の社会福祉課等の主催するケア会議、ケア会議カンファレンスなどは、多くの自治体で見学もしくは参加することが可能なケースもあります。

当然、議題に上ることは個人個人の支援方法の意見交換等になるため、参加者は社会福祉士、主任介護支援専門員、保健師、医師、訪問看護ステーション看護師、介護士、薬剤師、歯科衛生士、理学療法士、栄養士、司法書士など多岐にわたりますが、筆者が見学している愛知県豊明市のケアカンファレンスには、2019年秋から5、6回ほど出席させていただきました。そこでは、厚生労働省東海厚生局から豊明モデルとして全国の多くの自治体などから見学に来ていると聞いていましたが、金融機関の出席者を見かけたことがありません。

ケア会議等では一人一人の支援方法の確認、ディスカッションが行われますが、相続問題がそこに潜んでおり金融資産の大部分を保有している高齢者に対しての国の最重要課題の地域包括ケアの現状を、金融機関が把握しているケースが少なく思えて残念で仕方ありません。筆者は個人的にはケアマネジャー、社会福祉士、主任介護支援専門員、介護士などの皆さんには、相続診断士等の相続に関する知識を有していることのわかる資格取得をお勧めしたいと考えます。

ケアカンファレンスなどを拝聴すると、一部の司法書士は相続に関する知識を持っていても、被介護者に直接的に関わることはほとんどないため、被介護者に身近な介護士や社会福祉士などとともに、金融機関の職員が相続の基礎知識を身に付けることは重要なことと思います。

前述したように金融ジェロントロジーの観点から、地域包括ケアの取

組みに地域金融機関は深く関わっていくことは非常に重要なことと考えます。

　今後、認知症高齢者や単身高齢者世帯等の増加に伴い、医療や介護サービス以外にも、在宅生活を継続するための日常的な生活支援（配食、見守り等）を必要とする方の増加が見込まれています。そのためには、行政サービスのみならず、ＮＰＯ、ボランティア、民間企業等の多様な事業主体による重層的な支援体制を構築することが求められます。

　同時に、高齢者の社会参加をより一層推進することを通じて、元気な高齢者が社会的役割を持つことで、生きがいや介護予防にもつなげる取組みが重要なのは当然のこととして、誰にも訪れる認知能力が低下してきたときや、任意後見が必要になってくるときのためにも金融機関が一緒になって地域包括ケアに取り組んでいただきたいと切に思います。

＜人口減少と地域経済格差縮小の取組み＞

　内閣官房「まち・ひと・しごと創生総合戦略」（2017改訂版）によれば、相変わらず東京一極集中が続いており、2016年の東京圏の人口は3,629万4,000人となり、全人口の約３割が集中しています。東京圏への人口移動の大半は若年層であり、2016年15〜19歳（２万8,000人）と20〜24歳（６万9,000人）を合わせて９万人を超える転入超過となっており、東京圏以外の地方における15〜29歳の若者人口は2000年から2015年までに約３割（532万人）、出生数は約２割（17万人）と大幅に減少しています。

　東京圏においては急速な高齢化により、介護、看護人材を中心として地方から東京圏への人口流出が一層進む可能性が指摘されています。

　このような将来展望に対して、人口減少と地域経済格差縮小の克服のために、次の３項目を一体的に取り組むとしています。

　①「東京一極集中」を是正する

図表4-12 中枢中核都市の機能強化

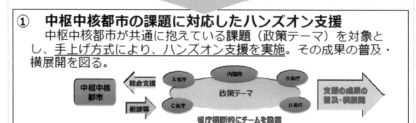

○東京圏への転出超過数の多い地方公共団体は、政令指定都市や中核市などの中枢中核都市が多数。
○中枢中核都市は、活力ある地域社会を維持するための中心・拠点として、近隣市町村を含めた圏域全体の経済、生活を支え、圏域から東京圏への人口流出を抑止する機能を発揮することを期待。

① 中枢中核都市の課題に対応したハンズオン支援
中枢中核都市が共通に抱えている課題（政策テーマ）を対象とし、手上げ方式により、ハンズオン支援を実施。その成果の普及・横展開を図る。

② 地方創生推進交付金等による支援
③ まちづくりの課題への対応

出所：内閣官房ＨＰより

　地方から東京圏への人口流出に歯止めをかけ、「東京一極集中」を是正するため、「しごとの創生」と「ひとの創生」の好循環を実現するとともに、東京圏の活力の維持・向上を図りつつ、過密化・人口集中を軽減し、快適かつ安全・安心な環境を実現する。

　②若い世代の就労・結婚・子育ての希望を実現する

　人口減少を克服するために、若い世代が安心して就労し、希望どおり結婚し、妊娠・出産・子育てができるような社会経済環境を実現する。

　③地域の特性に即して地域課題を解決する

　人口減少に伴う地域の変化に柔軟に対応し、中山間地域をはじめ地域が直面する課題を解決し、地域の中において安全・安心で心豊かな生活が将来にわたって確保されるようにする。

　まちの創生に対する地方都市の活性化に向けた都市のコンパクト化などに、地方中核都市の遊休不動産活性化案の一つとして、大都市圏など

における高齢化、単身化、介護難民問題への対応、医療・介護・福祉などの地方生活を支えるサービス提供の場、地域コミュニティの構築、維

図表４-13　人口減少社会に対応した「まち」への再生

○人口減少社会に対応するため、<u>コンパクト・プラス・ネットワークのまちづくり</u>が<u>重要</u>。
○中心市街地活性化などに加え、<u>住宅団地を含めたまちづくりの取組を強化</u>。

　　<住宅団地が抱える課題>
　・住宅団地は、<u>高度経済成長期を中心に開発</u>され、大都市圏のみならず、<u>全都道府県に立地</u>。
　・同時期に入居した結果、<u>高齢者世帯が一気に増加</u>。今後、空家が大量に発生する可能性も。
　・<u>住宅の単一用途が主体</u>で、多様な機能導入を阻害。

【住宅団地の市区町村別面積】　　【戸建分譲住宅団地の年齢階層の推移のイメージ】

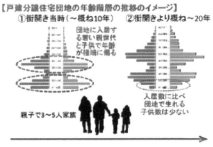

出典：H30国土交通省住宅局調査（ 5ha以上の住宅団地を対象）

高齢化した居住者が住み続けられ、若者や子育て世帯にとって魅力ある「まち」へ再生

<u>住宅団地を含む一定の地域</u>において、<u>エリア限定的</u>に、<u>ワンストップ</u>で、用途規制に係る手続きの柔軟化等を実現する<u>制度の構築を検討</u>

出所：内閣官房ＨＰより

持、再生を活用したまちづくりの支援などを通じて中心市街地活性化に取り組むことで、東京などからの移住、東京への人口流出の抑制を図りつつ、中核都市としてのコンパクト化による活性化を目指すことになります（**図表4-12**）。

＜コンパクト・プラス・ネットワークのまちづくり＞

さらに、2018年12月の「まち・ひと・しごと創生総合戦略」（2018改訂版）においては、2020年度から始まる次のステージに向けた検討の開始として、地方の魅力を高めるまちづくりの推進を掲げています。

これは、東京などへの転出数の多い地方自治体は、流出を食い止めるべくダム的な自治体として、その地域の中枢中核都市として圏域から東京圏への人口流出を抑止する機能の発揮が期待されます。

また、人口減少社会に対応したまちづくりのために、コンパクト・プラス・ネットワークのまちづくりが重要と指摘しています。これは中心市街地活性化などに加え住宅団地を含めたまちづくりの取り組みを強化し、最終的には高齢化した居住者が住み続けられ、若者や子育て世帯にとって魅力ある町への再生を目指しています（**図表4-13**）。

中心市街地活性化は内閣官房のホームページに詳しく出ていますので、一度は閲覧されることをお勧めします（**図表4-14**）。

中心市街地活性化に向けての取組みは、平成30年12月に内閣官房まち・ひと・しごと創生本部事務局と、内閣府地方創生推進事務局の作成した、「まち・ひと・しごと創生総合戦略」（2018改訂版）によると、主なポイントとして、次の2点が挙げられています。

・若者等が地方へ移住する動きを加速させるため、「ひと」と「しごと」に焦点を当てた、「わくわく地方生活実現政策パッケージ」を策定
・「まち」に焦点を当てた、地方の魅力を高めるまちづくりの推進に向けての検討とされています。

図表４-14 中心市街地活性化制度の概要

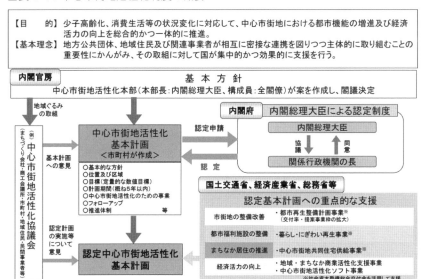

出所：首相官邸ＨＰより

＜公共建築物等木材利用促進法＞

　まず、国の大きな流れとして、公共建築物等木材利用促進法（下段参照）の制定があります。この法律は、木造率が低く今後の需要が期待できる公共建築物にターゲットを絞って、国が率先して木材利用に取り組むとともに、地方公共団体や民間事業者にも主体的な取組みを促し、木材全体の需要を拡大することを狙いとしています。

　国土交通省のホームページ（ＨＰ）によると、「公共建築物等における木材の利用の促進に関する法律」（平成22年法律第36号）には、国の責務として「国は、（中略）木材に対する需要の増進に資するため、自ら率先してその整備する公共建築物における木材の利用に努めなければならない」とあります。

　その公共建築物とは、「国または地方公共団体が整備する公共の用または公用に供する建築物」「国または地方公共団体以外の者が整備する学校、老人ホームその他の前号に掲げる建築物に準ずる建築物として政

令で定めるもの」とされています。

そして、地方公共団体の責務として「地方公共団体は、（中略）その整備する公共建築物における木材の利用に努めなければならない」としています。

基本方針については、「農林水産大臣および国土交通大臣は、公共建築物における木材の利用の促進に関する基本方針を定めなければならない」とし、本法律により、国の公共建築物に対する木造の利用促進が強く打ち出されました。

以下に、国土交通省ＨＰに掲載されている資料を掲載しますので、詳細はこちらで確認してください（**図表4-15、4-16、4-17**）。

図表4-15 公共建築物の防耐火に係る経緯（戦後〜）

都市建築物の不燃化の促進に関する決議　（昭和25年4月30日衆議院決議）
〇新たに建設する官公衙等は、原則として不燃構造とすること

官庁営繕法（官公庁施設の建設等に関する法律）制定　（昭和26年法律第181号）
〇上の決議を受け、第7条において庁舎の構造（防耐火）を規定

木材資源利用合理化方策　（昭和30年1月21日閣議決定）
〇耐火建築の普及奨励を推進し国及び地方公共団体は率先垂範すると共にその建築費用の低下を図るため構造部材の規格化と設計の標準化の施策を推進すること

実務上の大きな方針転換

公共建築物等における木材の利用の促進に関する法律　（平成22年法律第36号）
〇国は、自ら率先してその整備する公共建築物における木材の利用に努めなければならない

出所：国土交通省ＨＰより

図表 4 -16 公共建築物等における木材の利用の促進に関する法律（その１）

【公共建築物関係部分】

1. 国の責務
○国は、自ら率先してその整備する公共建築物における木材の利用に努めなければ
ならない

※公共建築物とは、次のものをいう。
① 国、地方公共団体が整備する公共の用等に供する建築物
② 国、地方公共団体以外の者が整備する建築物で①に準ずるもの

2. 地方公共団体の責務
○地方公共団体は、その整備する公共建築物における木材の利用に努めなければならない

3. 基本方針
○農林水産大臣及び国土交通大臣は、国が整備する公共建築物における木材の利用の
促進に関する基本方針を定めなければならない
○基本方針で定める事項

・国が整備する公共建築物における木材の利用の目標
・基本方針に基づく各省計画に関する基本的事項　　　等

○両大臣は、毎年1回、基本方針に基づく措置の実施状況を公表しなければならない

4. 都道府県及び市町村における方針の策定
○都道府県及び市町村は、それぞれその整備する公共建築物における木材の利用の促進
に関する基本方針を定めることができる

5. 公共建築物における木材の利用以外の木材の利用の促進に関する施策
○国及び地方公共団体は、木質バイオマスの利用の促進のために必要な措置を講ずるよう
努める　　　　　　等

出所：国土交通省ＨＰより

図表 4 -17 公共建築物における木材の利用の促進に関する基本方針（その１）

1. 公共建築物における木材の利用の促進の基本的方向
○公共建築物については可能な限り木造化又は内装等の木質化を図るとの考え方の下で、
公共建築物における木材の利用の促進を図る

2. 積極的に木造化を促進する公共建築物の範囲
○建築基準法その他の法令に基づく基準において耐火建築物とすること又は主要構造部を
耐火構造とすることが求められていない低層の公共建築物において、積極的に木造化を
促進する
○ただし、災害応急対策活動に必要な施設など、木造化になじまない又は木造化を図ること
が困難であると判断されるものについては木造化を促進する対象としない

3. 国が整備する公共建築物における木材の利用の目標
○積極的に木造化を促進する公共建築物の範囲に該当する低層の公共建築物について、
原則としてすべて木造化を図る
○高層・低層にかかわらず、内装等の木質化を促進する
○暖房器具やボイラーを設置する場合は、木質バイオマスを燃料とするものの導入に努める

4. その他公共建築物における木材の利用の促進に関する重要事項
○都道府県方針又は市町村方針を作成する場合の留意事項
○公共建築物を整備する者は、その計画・設計等の段階から、ライフサイクルコストについて
十分検討するとともに、利用者のニーズや木材の利用による付加価値等も考慮し、これらを
総合的に判断した上で、木材の利用に努める

出所：国土交通省ＨＰより

このように、国土交通省ＨＰには公共建築物木造化推進施策が資料として掲載されています。また、農林水産省のＨＰにも同様の資料が掲載されており、このことから、今後、数年かけて木造建築物が皆さんの周

図表4-18 公共建築物等における木材の利用の促進に関する法律（その２）

公共建築物等における木材の利用の促進に関する法律
（平成22年法律第36号）

1．目的

○ 公共建築物等における木材の利用を促進するため、木材の適切な供給及び利用の確保を通じた林業の持続的かつ健全な発展を図り、もって森林の適正な整備及び木材の自給率の向上に寄与する（1条）

2．基本方針等

○ 農林水産大臣、国土交通大臣による公共建築物における木材利用促進に関する基本方針の策定（7条1項）
○ 各省各庁の長による公共建築物における木材利用促進計画の策定（7条2項）
○ 農林水産大臣、国土交通大臣は毎年基本方針に基づく措置の実施状況を公表（7条7項）

3．木材利用促進方針

○ 都道府県知事、市町村による公共建築物における木材利用促進方針の策定（8条、9条）

4．木材製造高度化計画

○ 木材製造業者による木材製造高度化計画の策定、農林水産大臣による認定（10条）
○ 林業・木材産業改善資金助成法の特例（12条）

5．公共建築物以外の木材利用促進に関する施策

○ 住宅における木材の利用の促進（17条）
○ 公共施設に係る工作物における木材の利用の促進（18条）
○ 木質バイオマスの製品利用の促進（19条）
○ 木質バイオマスエネルギー利用の促進（20条）

出所：農林水産省ＨＰより

りに、かなり増えていくことになると思われます（**図表4-18、4-19**）。

　東京オリンピック会場である国立競技場も、隈研吾氏の設計により木造化された建築物となります。また、名古屋城天守閣の木造化も計画されています。各地の道の駅なども含め、これらはすべて公共建築物等木材利用促進法の影響と考えられます。

図表4-19 公共建築物における木材の利用の促進に関する基本方針（その２）

1．国が整備する公共建築物における木材の利用の目標

【公共建築物】
○　国が整備する低層の公共建築物について、原則としてすべて木造化

　ただし、
　・法令に基づく基準により耐火建築物等とすべき施設
　・災害応急活動施設等、木造以外の構造とすべき施設
　は除く

○　国が整備する公共建築物について、低層・高層にかかわらず、直接又は間接的に国民の目に触れる機会が多いと判断される部分については、内装等の木質化を促進

【備品・消耗品等】
○　木材を原材料として使用した備品及び消耗品の利用の促進
○　暖房器具やボイラーを設置する場合は、木質バイオマスを燃料とするものの導入に努力

2．措置の実施状況の公表

【公表事項】
○　国が整備する公共建築物における木材の利用の目標の達成に向けた取組の内容
○　国が整備する公共建築物における木材の利用の目標の達成状況

出所：農林水産省ＨＰより

このように、階層3以下の低層建築物が木造を前提にしたものになる以上、遊休地の活用提案をする案件も木造を念頭に置く必要が出てくると考えられます。また、建築基準法の改正により、木造建築物の大型化が可能になり、大型木造建築物である特別養護老人ホームの事例など木造建築物の進化と、前述の公共建築物の木造利用促進法制定により明らかに国の施策が変更したことを感じることが多くなっていくでしょう。

<都市再生基本方針>

もう一つの方向性は「都市再生基本方針」（平成14年7月19日制定、平成30年7月13日一部変更）です。そこには、まず都市の基本的構造のあり方として、「多極ネットワーク型コンパクトシティ」を目指すとあります。

これは、人口減少による地方の中核都市のスポンジ化を防ぎ、なおかつ、東京一極集中のデメリットを回避すべく、我が国の活力の源泉である都市についてその魅力と競争力を高める都市再生が重要と認識されています。内閣官房ＨＰでは次のように説明しています。

<都市の基本的構造の在り方>

『我が国の都市における今後のまちづくりは、人口の急激な減少と高齢化を背景として、高齢者や子育て世代にとって、安心できる健康で快適な生活環境を実現すること、財政面及び経済面において持続可能な都市経営を可能とすること、低炭素型の都市構造を実現すること、災害から人命を守ること等を推進していくため、都市の基本的構造の在り方について見直しを行い、コンパクトな都市構造へと転換していくことが重要である。

具体的には、一定区域内の人口密度を維持するとともに、医療・福祉施設、商業施設や住居等がまとまって立地し、あるいは、高齢者をはじ

めとする住民が公共交通により医療・福祉施設や商業施設等にアクセスできるなど、日常生活に必要なサービスや行政サービスが住まい等の身近に存在する「多極ネットワーク型コンパクトシティ」を目指すことが重要である。（以下略）』

出所：内閣官房ＨＰ

この「多極ネットワーク型コンパクトシティ」は細部にわたり推進の方針が策定されています。

＜都市のコンパクト化の推進等＞

『（前略）具体的には、各地域の人口動態等の見込みを踏まえつつ、公共公益施設、医療・福祉施設、教育・文化施設、商業施設、駐車場等の適正な立地の促進、一定のエリアへの居住の誘導、歩きやすい空間の整備、十分なサービス水準を持つ公共交通のネットワークの形成、生活支援サービス等と一体になった高齢者向け住宅の供給、既存住宅の流通、リフォーム市場の整備や定期借家制度の普及等を通じた既成市街地の空家等の活用、既存宅地における空地等の有効活用、市民農園の整備や生産緑地地区の指定等による都市農地の保全、都市縁辺部の農地・林地等の宅地開発の抑制、需要が見込まれない低未利用地の自然再生、地下空間の有効活用等を推進することにより、「多極ネットワーク型コンパクトシティ」の実現を図る。』

出所：内閣官房ＨＰより

このコンパクトシティ推進の中核として、地域金融機関の存在が重要になってくると考えられます。地方の中核都市を東京への人口流出のダム都市となるべく再生し、そして喫緊の課題である高齢者人口の急速な増加に対応すべく、地域包括ケアを盛り込んだ高齢者住居の確保および、多様な労働力確保の観点からも待機児童の解消などがクローズアップされています。

この点については、次のように指摘しています。

＜高齢者人口の急増への対応および保育所待機児童の解消等＞

『大都市は、高齢者人口の増加が、今後、特に大規模かつ急速に起こること、郊外部等に経済成長期に建設され高齢者人口が特に急増する大規模ニュータウン等が多数存することを踏まえ、医療・福祉サービス等の的確な提供等の取組を特に重点的に推進する必要がある。また、保育所待機児童は、大都市に集中していることを踏まえ、駅やその周辺等の利用しやすい場所における保育所等の設置等による保育所待機児童の解消を特に重点的に実施する必要がある。』

出所：内閣官房ＨＰより

3．認可保育所のニーズと子育て安心プラン

＜待機児童解消に向けた取組み＞

東京都、横浜市をはじめとした待機児童問題は、「保育園落ちた、日本死ね」のツイートをきっかけに国会などで取り上げられ、政治的解決の求められる重要事項となりました。そこで東京都、川口市などの自治体では、保育園に対する建物、敷地提供者の5年間に対する固定資産税減免対象受付期間を、2021年3月31日受付分までとしました。

また、首相官邸の指導のもと待機児童解消に向けた取組みとして「子育て安心プラン」を平成29年に策定し公表しています。これは、待機児童解消に積極的な東京都をはじめとする自治体を支援するために、待機児童解消に向けて必要な受け皿約22万人分の予算を、2018年から2019年度末までの2年間で確保し、遅くとも2020年度末までの3年間で全国の待機児童の解消を目指すものです（図表4-20）。

また、待機児童ゼロを維持しつつ5年間でM字カーブ（女性の年齢と

就業者数の折れ線グラフ）を解消するため、2018 年度から 2022 年度末
までの５年間で、女性就業率 80％に対応できる約 32 万人分の受け皿の
整備も必要です。

図表４-20 子育て安心プラン

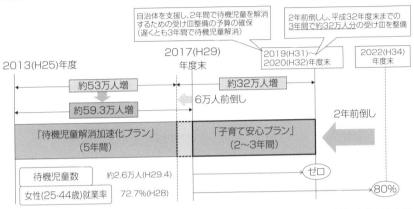

出所：首相官邸 HP より

　また厚生労働省では、2020 年度を目標年度として全国の待機児童を
ゼロにするよう指導しています（首相官邸）。

　これらを考えると、2020 年末辺りまでが当面の待機児童対策の認可
保育園建設ニーズと思われますが、実際は、都市部への若年人口の流入
がこのまま推移していく可能性が高いと推察されることから、2019 年
現在で待機児童の減少が顕著になっていない自治体などは、2020 年度
末での待機児童ゼロ対策の達成は厳しく、2022 年程度までは待機児童
対策が必要になる自治体が多く出てくると考えられます。

＜認可保育所も選別の時代＞
　また、2020 年以降は認可保育所も選別の時代になってくるため、立
地条件や保育特性等に差別化が求められてきます。当然保育士の確保も
重要課題となってくるため、待遇面の差別化、通勤の便利さ（保護者か

らの便利さとほぼ一致する）など保育所の立地条件、場合によっては保育士に外国人を採用し英語で保育するなど、様々な差別化を考える必要が出てきます。また、将来的には老人施設への転向も可能な構造物としておくなど、保育所ニーズが減少した後の活用プランも考えておく必要があります。

　なお、直近の政府方針については、内閣府ＨＰの「幼児教育・高等教育無償化の制度の具体化に向けた方針」（2018 年 12 月 28 日関係閣僚合意）として次のようにまとめられています。

『少子高齢化という国難に正面から取り組むために、2019 年 10 月に予定される消費税率の引上げによる財源を活用し、子育て世代、子供たちに大胆に財源を投入し、お年寄りも若者も安心できる全世代型の社会保障制度へと大きく転換する。

　20 代や 30 代の若い世代が理想の子供数を持たない理由は、「子育てや教育にお金がかかり過ぎるから」が最大の理由になっており、幼児教育の無償化をはじめとする負担軽減措置を講じることは、重要な少子化対策の一つである。また、幼児教育は生涯にわたる人格形成の基礎を培うものであり、子供たちに質の高い幼児教育の機会を保障することは極めて重要である。

　このような背景を踏まえ、これまで段階的に推進してきた取組みを一気に加速する。現行の子ども・子育て支援新制度の幼稚園、保育所、認定こども園等の利用者負担額を無償化するとともに、子ども・子育て支援法（平成 24 年法律第 65 号）の改正法案を次期通常国会に提出し、新制度の対象とならない幼稚園、認可外保育施設等の利用者への給付制度を創設する等の処置を講ずる。また、就学前の障害児の発達支援についても、併せて無償化を進めていく』（出所：内閣府ＨＰ）

　また、対象者対象範囲等については、

　『①３歳から５歳までのすべての子供および０歳から２歳までの住民税非課税世帯の子供についての幼稚園、保育所、認定こども園の費用を無償化し、②幼稚園、保育園、認定こども園以外についても認可保育所に入ることのできない待機児童がいることから、保育の必要性のある子供については、認可外保育施設等を利用する場合でも無償化の対象にする』

　とされています。実施時期については、

　『今般の無償化の実施時期としては2019年10月１日とする』とありましたが、消費税増税に伴い実施されたことは皆さんの記憶にも新しい

図表4-21　消費税増税分の割り当て（令和元年度予算）

令和元年度における「社会保障の充実」（概要）					
					（単位:億円）
事　項	事　業　内　容	令和元年度予算額	国分	地方分	（参考）平成30年度予算額
子ども・子育て支援	子ども・子育て支援新制度の実施	(注2) 6,526	2,985	3,541	6,526
	社会的養育の充実	474	237	237	416
	育児休業中の経済的支援の強化	17	10	6	17
医療・介護	医療・介護サービスの提供体制改革	病床の機能分化・連携、在宅医療の推進等			
		・地域医療介護総合確保基金（医療分）	1,034	689	345	934
		・診療報酬改定における消費税財源等の活用分	476	337	139	473
		地域包括ケアシステムの構築			
		・地域医療介護総合確保基金（介護分）	824	549	275	724
		・平成27年度介護報酬改定における消費税財源の活用分（介護職員の処遇改善等）	1,196	604	592	1,196
		・在宅医療・介護連携、認知症施策の推進など地域支援事業の充実	534	267	267	434
		医療ICT化促進基金（仮称）の創設	300	300	0	
	医療・介護保険制度の改革	国民健康保険等の低所得者保険料軽減措置の拡充	612	0	612	612
		国民健康保険への財政支援の拡充			
		・低所得者数に応じた自治体への財政支援	1,664	832	832	(注2) 1,664
		・保険者努力支援制度等	1,772	1,772	0	1,687
		被用者保険の拠出金に対する支援	700	700	0	700
		70歳未満の高額療養費制度の改正	248	217	31	248
		介護保険の1号保険料の低所得者軽減強化	900	450	450	246
難病・小児慢性特定疾病への対応	難病・小児慢性特定疾病に係る公平かつ安定的な制度の運用 等	2,089	1,044	1,044	2,089
年金	年金受給資格期間の25年から10年への短縮	644	618	26	644
	遺族基礎年金の父子家庭への対象拡大	61	57	4	50
	年金生活者支援給付金の支給	1,859	1,859	0	―
合　計		21,930	13,528	8,402	18,659

（注1）金額は公費（国及び地方の合計額）。計数は、四捨五入の関係により、端数において合計と合致しないものがある。
（注2）消費税増収分（1兆6,800億円）と社会保障改革プログラム法等に基づく「重点化・効率化による財政効果（▲0.51兆円）」を活用し、上記の社会保障の充実（2.19兆円）の財源を確保。
（注3）公費に加え、保険料財源で対応するものについては、「社会保障の充実」として整理している（社会保障の充実に要する公費に見合った事業量の拡大を実施（平成27年度））。このほか、「社会保障の充実」とは別に、平成29年度から全職員を対象とした
（注4）「子ども・子育て支援新制度の実施」の国分については全額内閣府計上。
（注5）財政安定化基金の積立分160億円を含む（平成30年度の積増しにより国民健康保険制度の改革の実施に必要な積立総額2,000億円を確保済み）。

ところだと思います。**図表 4-21** は消費税増税を財源とする社会保障の充実の概要です。

4. 高齢者施設のトレンド

＜地域と公的制度連携の必要性＞

　平成 29 年版厚生労働白書によれば、人口減少社会の到来を迎え日本の人口が減っていく段階は、次の 3 つからなるとしています。
- ・2040 年までは高齢者が増加し現役世代が減少する
- ・2060 年までは高齢者が維持、微減の状況となり、現役世代が減少する
- ・2060 年以降は高齢者も現役世代も減少する

　これをさらに詳しく見ていくと、人口規模別に我が国は「高齢者が増加し現役世代が減っていく地域」と「高齢者も現役世代も減っていく地域」に二極分化していきます。このことは、高齢化による支援ニーズの増加とともに、介護に関する公的支援制度による相談支援やサービスの提供が増加し続ける地域と、高齢者が減少し相談支援やサービスなどを縮小していかざるを得ない地域が存在することを示しています。

　そこで、地域ごとに人口減少の状況を鑑み地方創生の観点から、地域の特徴を生かした地域の住民による主体的な取組みを育成し、公的制度と連携していく必要があります。このためには地域ごとに、まち・ひと・しごと創生本部が提供している地域経済分析システム「リーサス」などを活用し、自身の地域の人口推計、年齢別人口構成推移をもとに高齢者施設もしくは、地域包括ケアシステムの中核となる、サービス付き高齢者向け住宅や小規模多機能介護施設などの適切な施設を選定することが重要となります。

<高齢者向け住まいの確保>

　また、高齢者世帯における持家率の長期的低下により求められる住まいを確保する点から、サービス付き高齢者向け住宅の需要は、地域包括ケアと相まって高まります（**図表4-22**）。

図表4-22 高齢者世帯における持家率の低下

	平成20年	平成15年	平成10年
総世帯	51.5%	54.7%	56.4%
25歳未満	0.9%	1.2%	1.6%
25-29	7.8%	9.4%	10.1%
30-34	22.8%	23.8%	24.9%
35-39	38.0%	41.3%	44.1%
40-44	49.0%	54.3%	58.1%
45-49	57.7%	62.8%	65.8%
50-54	63.4%	67.3%	70.1%
55-59	66.7%	71.0%	73.8%
60-64	69.7%	72.9%	76.5%
65-69	70.5%	72.7%	78.7%
70-74	70.5%	73.7%	79.0%
75歳以上	69.9%	71.6%	75.5%

出所：総務省統計局「住宅・土地統計調査」

　高齢者向け住まいの概要は**図表4-23**にあるように多種に及びますが、金融機関からのアプローチとしては、主な設置主体が営利法人中心の「有料老人ホーム」「サービス付き高齢者向け住宅」「認知症高齢者グループホーム」の3種類が多くなっています。また、地域包括ケアシステムの中心にサービス付き高齢者向け住宅などの高齢者の住まいが置かれたことにより、今後、サービス付き高齢者向け住宅の設置が増加していくことが想定されます。

　しかし、サービス付き高齢者向け住宅は、市街化区域内に立地するも

のが3分の2にとどまるうえ、公共交通機関や医療機関へのアクセスが必ずしも良いとはいえない場所にも一定数存在しています。この事実は、

図表4-23 高齢者向け住まいの概要

	①特別養護老人ホーム	②養護老人ホーム	③軽費老人ホーム
根拠法	・老人福祉法第20条の5	・老人福祉法第20条の4	・社会福祉法第65条 ・老人福祉法第20条の6
基本的性格	要介護高齢者のための生活施設	環境的、経済的に困窮した高齢者の施設	低所得高齢者のための住居
定義	入所者を養護することを目的とする施設	入居者を養護し、その者が自立した生活を営み、社会的活動に参加するために必要な指導および訓練その他の援助を行うことを目的とする施設	無料または低額な料金で、食事の提供その他日常生活上必要な便宜を供与することを目的する施設
利用できる介護保険	・介護福祉施設サービス	・特定施設入居者生活介護 ・訪問介護、通所介護等の居宅サービス	
主な設置主体	・地方公共団体 ・社会福祉法人	・地方公共団体 ・社会福祉法人	・地方公共団体 ・社会福祉法人 ・知事許可を受けた法人
対象者	65歳以上の者であって、身体上または精神上著しい障害があるために常時介護を必要とし、かつ、居宅においてこれを受けることが困難な者	65歳以上の者であって、環境上および経済的理由により居宅において養護を受けることが困難な者	身体機能の低下等により自立した生活を営むことについて不安であると認められる者であって、家族による援助を受けることが困難な60歳以上の者
1人当たり面積	10.65㎡	10.65㎡	21.6㎡（単身） 31.9㎡（夫婦）など
件数	7,865件（H25.10）	953件（H24.10）	2,182件（H24.10）
定員数	516,000人（H25.10）	65,113人（H24.10）	91,474人（H24.10）

今後の地域包括ケアを推進していく一つのヒントになると思われます（図表4-24）。

④有料老人ホーム	⑤サービス付き 高齢者向け住宅	⑥認知症高齢者 グループホーム
・老人福祉法第29条	・高齢者住まい法第5条	・老人福祉法第5条の2 第6項
高齢者のための住居	高齢者のための住居	認知症高齢者のための共同生活住居
①入浴、排せつまたは食事の介護、②食事の提供、③洗濯、掃除等の家事、④健康管理のいずれかをする事業を行う施設	状況把握サービス、生活相談サービス等の福祉サービスを提供する住居	入浴、排せつ、食事等の介護その他の日常生活の世話および機能訓練を行う共同生活の住居
・特定施設入居者生活介護 ・訪問介護、通所介護等の居宅サービス		・認知症対応型共同生活介護
・限定なし （営利法人中心）	・限定なし （営利法人中心）	・限定なし （営利法人中心）
老人 ※老人福祉法上、老人に関する定義がないため、解釈においては社会通念による	次のいずれかに該当する単身・夫婦世帯 ・60歳以上の者 ・要介護/要支援認定を受けている60歳未満の者	要介護者/要支援者であって認知症である者（その者の認知症の原因となる疾患が急性の状態にある者を除く）
13㎡（参考値）	25㎡　など	7.43㎡
8,499件（H25.7）	4,626件（H26.5.31）	12,124件（H25.10）
349,975人（H25.7）	148,632戸（H26.5.31）	176,900人（H25.10）

出所：厚生労働省ＨＰより

図表4-24 サービス付き高齢者向け住宅の立地状況

【都市計画区域との関係】 　　　　【公共交通機関へのアクセス】

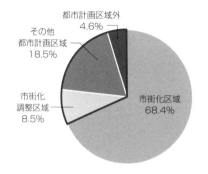

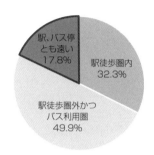

【医療機関へのアクセス】

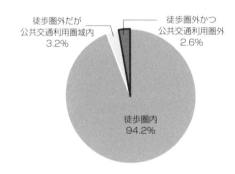

出所：国土交通省ＨＰより

　国土交通省では、平成26年に地域包括ケアシステムの構築に向け、サービス付き高齢者向け住宅の整備のあり方について検討を進めるため、有識者を構成員とする検討会を設置しました。

　その目的は、サービス付き高齢者向け住宅の質の向上や適正立地など、時代のニーズに即応した施策の徹底した見直しについて検討を行うというものです。検討会では、平成26年から数度にわたる検討を重ね、平成28年に次のような概要を発表しています。

＜サービス付き高齢者向け住宅の整備等のあり方に関する検討会とりまとめ（概要）＞

①適切な立地の推進

・市町村による、地域に即した高齢者向け住宅に係る計画や供給方針の策定促進（市町村高齢者居住安定確保計画の制度化、計画策定マニュアルの整備　等）

・計画等に基づく立地誘導の促進（サービス付き高齢者向け住宅の整備補助に当たり市町村のまちづくりとの整合の確保）

・計画策定等における分野間の連携の促進（福祉部局等との連携をマニュアルで明確化、担当者会議の開催　等）

②空間の質の向上

・空間の質の高い住宅の供給促進や共用空間のあり方検討（夫婦向けサービス付き高齢者向け住宅の供給促進、ガイドライン策定　等）

・既存ストックの活用促進（支援の拡充　等）

③サービスの質の確保・向上

・状況把握・生活相談サービスの提供体制の強化（提供体制のあり方検討、先導的取組みの支援　等）

・地域における生活支援サービスの提供体制の確保（地域支援事業によるサービスの提供促進　等）

・入居者等による住宅の運営への関与（運営懇談会）

④適切な医療・介護サービスが利用できる地域コミュニティの形成

・サービス付き高齢者向け住宅と医療・介護サービスとの連携の推進（医療機関・介護サービスとの連携が図られたものへの支援の重点化、設備更新やサービス施設等の併設の促進　等）

・地域の医療・介護サービス拠点の整備促進（「拠点型サービス付き高齢者向け住宅」の供給促進、訪問介護等のサービス事業所の用途制限の合理化　等）

・介護サービス利用の適正化（有料老人ホーム指導指針による指導監督、ケアプランの調査点検の推進　等）

⑤適切な競争や選択がなされる環境の実現

・情報提供の充実（登録情報の充実、第三者が住宅やサービスを評価する仕組みの構築　等）

・適切な需要予測と多様な資金調達の促進

・入居者の居住安定確保（事業の引継先の確保、居住支援　等）

⑥低所得の高齢者の住まいの確保

・空き家を活用した低所得高齢者向け住宅の供給（空き家を活用した低廉な住宅供給の仕組み検討、住居費支援　等）

・居住支援の充実（居住支援協議会の取組みの推進、見守りサービスの提供等に係るモデル的な取組みの支援　等）

このなかでも、「④適切な医療・介護サービスが利用できる地域コミュニティの形成」は、まさに地域包括ケアの中心となる高齢者の住まい（サービス付き高齢者向け住宅など）と、その連携先としての、かかりつけ医などとの地域コミュニティの重要さを物語っています。

＜求められる地域包括ケアシステム＞

また、もう一つの観点からの、全国の都道府県別の人口10万人当たりの病院病床数と病院平均在院日数を平成28年版の厚生労働白書から転用しましたが、都道府県ごとにはばらつきはありますが、当然の帰結として老年人口に対して病床数の多い所は、在院日数が多くなるのは自明のことといえましょう（**図表4-25**）。

ちなみに、病院病床数の最多は高知県の2,482床、最少は神奈川県の815床で、人口10万人当たりで3倍の格差があります。病院平均在院日数の最長は高知県の48.8日、最短は神奈川県の23日となっています。

これは病院平均在院数の多い地方自治体は1人当たりの医療費用抑制

のため、地域包括ケアシステムに取り組むことが、なお求められていくことを示しています。

　また、我が国の高齢者人口が急増していくなかで、現在はそれほど顕在化していませんが、今後は女性の一人暮らし高齢者対策が重要になってくると考えられます。というのも、男女の平均寿命の差と婚礼時の年齢差を考慮すると、平均的には夫が亡くなった後で残された妻は約10年一人で暮らすことになるからです。

図表4-25　人口10万人当たり病院病床数、病院平均在院日数

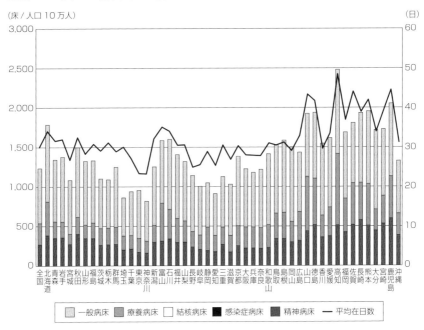

資料：厚生労働省政策統括官付保健統計室「医療施設調査」、「病院報告」（平成26年）
出所：厚生労働省ＨＰより

　女性の90歳以上の認知症有病率65％を考えると、そのうちの4～5年は認知症状態で過ごすことが考えられ、金融ジェロントロジーの観点や、その対応のためにも地域包括ケアシステムの中核に高齢者住宅、グループホームなどの必然性が求められることになります。

■終 章■

ブルーオーシャンを
生み出す

1. 女性目線の相続セミナーの有効性

　金融機関各社では、遊休不動産を数多く保有するお客様にアプローチしていると思いますが、筆者は、金融機関サイドからお客様に相続税対策などを切り口にセミナーなどを試みる場合は、女性の相続に強い税理士や司法書士を講師に迎え、女性目線のセミナーを開催することが大変有効であり、金融機関の保有している富裕層のお客様をブルーオーシャン化するためのコンテンツだと考えています。

　税理士の登録者数は平成30年12月末現在7万7,800人ですが、相続実務経験者は意外と少なく、お客様に顧問税理士がいても必ずしも相続実務に精通しているわけではないことは十分考えられます。しかし、遊休地の有効利用や相続対策を提案すると、お客様は必ずと言っていいほど顧問税理士に相談します。

　そこで、お客様に遊休地の活用や相続対策の重要性に気づいてもらうには、ご主人の相続（一次相続）と奥様自身の相続（二次相続）について、顧問税理士ではない奥様と同じ女性目線で話をすることが大変有効で、お客様と顧問税理士双方に受け入れられやすくなります。

　男女の平均寿命差の約7年と婚姻時の平均年齢差約3歳を考えると、ご主人の他界後10年近く奥様は存命し二次相続を迎えることになります。一般的に一時相続の段階では"争続"は顕在化しにくいですが、2次相続の遺産分割協議時には、奥様の認知レベルの問題も発生している可能性が高まります。

　女性目線の相続対策には認知対策としての民事信託や任意後見制度との併用や、金融ジェロントロジーの観点からの対策も重要となってきます。そこで女性目線の相続セミナーとして、女性講師によるセミナー「女性が備えるべき3つの相続　〜親の相続、夫の相続、自分の相続〜」（商

標登録出願中 整理番号 J201906）を用意しました。

　参考資料：髙山亜由美著「女性が備えるべき3つの相続」（近代セールス社）

　筆者は、このコンテンツで平成30年より数多くのセミナーを実施してきました。筆者が勤務していた住宅会社主催もあれば、生命保険会社の主催で外務員の教育を兼ねた顧客向けセミナー、メガバンク、信託銀行、地方銀行、信用金庫などの金融機関の顧客向けの相続セミナー、開業医の協会主催による開業医の奥様向け相続セミナーなどです。

　共催した各社からは、囲い込み顧客のブルーオーシャン化が図れると非常に好評をいただいております。実施した「女性が備えるべき3つの相続」セミナーは、参加者の大半が女性一人での参加か、一部夫婦での参加となります。

　そして、参加者に「このような相続セミナーに出席されるのは初めてですか？」と質問すると、約8割の方が初めてだと答えます。これは今までの相続セミナーの集客がご主人主体であり、ご主人は相続対策や事業承継に興味を持っていても、奥様までは気が回っていないため、奥様の相続に対する知識が非常に少ないことの表れだと考えています。

　とすれば、奥様の相続を二次相続対策ととらえることによって、家族間の"争続"の回避や、金融機関として親の代から一気通貫で安定的に取引を進められる環境整備にもつながってきます。

　また、住宅会社の引渡し顧客も建物の20年保証など保証延長時期には相続などが近づいてきていることもあり、相続セミナーなどで定期的に引渡し顧客に対して働きかける際の有望なコンテンツになり得ます。セミナーの主催が、金融機関、生命保険会社、住宅会社、一般社団法人、ＮＰＯ法人など一般的に富裕層を囲い込むにも大変有効なのです。

　そこで、この女性向けの相続セミナー「女性が備えるべき3つの相続」をぜひ有効に実施していただきたいと思います。

筆者の知人で相続に強い女性の税理士、司法書士が、東京、横浜、千葉、静岡、名古屋、京都、大阪、神戸などで活躍しており、彼女たちは事業承継や医院開業支援、民事（家族）信託契約作成、任意後見制度を踏まえた身上監護提案などにも優れた実績を挙げています。

　序章でも述べましたが、人口減少社会到来による日本の重要施策としての地域活性化、地域包括ケアシステム、中心市街地活性化などの核となるべきは、地域金融機関が自治体とともに中心となることでしか考えられません。

　地域金融機関の皆さんはその金融機関ごとに、異業種のクライアントを多様な方法で結びつける異業種交流会のような機会の創出や、自治体の各関連事業部署が発信する情報収集（自治体ＨＰで収集可能）で、お客様に遊休不動産の活性化や相続対策とともに建設業者からの提案を比較検討していただき、提示できるようになってきます。

　そこには地域金融機関にとっての将来的な地域金融機関の雄として立場の確立を目指し、地域に根ざした顧客との共通価値の創造を担っていくとともに、永続的な地域貢献を後押しできる素晴らしいスキルの可能性を秘めています。

2．地域金融機関と遊休地の有効活用提案

　今後、日本の人口が均衡縮小に向かうなかで、地域金融機関は地域を基盤に生き残っていかなければなりません。地域のニーズが刻々と変化していることを理解したうえで、国の施策と地域の実需に見合った事業提案を行うことのできる提携先の企業とのビジネスマッチング契約において、地域金融機関としてお客様から刮目される必要があります。

　ここ３年ほどは認可保育所が首都圏、中京圏（特に名古屋市）、関西圏などでは需要が高まっていました。またかかりつけ医の必要性などか

ら、新規医院開業ニーズも底固く推移しています。

　地域金融機関は限られた地域において深耕営業を展開することから、金融機関の支店ごとに17時頃から45分程度の勉強会をよく実施していました。その勉強会には、顧客の不動産資産の相談のよろず窓口になることが可能になるよう、住宅会社、不動産会社、リフォーム会社、税理士、司法書士、家族信託コーディネーターなど5～6人のチームで臨んでいました。

　第4章にも記載しましたが、地域包括ケアや、地域連携ネットワークの重要性を鑑みるとき、自治体ごとに濃淡の差はありますが、地域金融機関の地域包括ケア会議やカンファレンスへの参加は必然のことと考えます。

　その会議の場で要支援者に接する介護士や社会福祉士、訪問看護ステーション看護師、主任介護支援専門員などの多様な職種の方たちのディスカッションを聞くとき、相続問題の発生が見込まれそうな状況判断や認知症発生による金融資産の凍結、家族信託等の活用提案など地域金融機関としての新たな取組みが必要になるため、そのような公的な場に地域金融機関が自ら出向くことで、地域包括ケアシステムの推進に重要なポジションを占めることになるでしょう。

　家族信託スキームなどは三井住友信託銀行では、民事信託の信託口口座の提供を行っていますので、家族信託分野でバックアップしてもらうことも十分考えられると思います。

　さらに、筆者は業務の関係で各金融機関の財産コンサルタントとお会いする機会が多いのですが、その方たちは取引先の富裕層に資産運用や相続対策の提案を専門に行っています。

　メガバンク、信託銀行、地方銀行、信用金庫等、業態によって取組み方の違いはありますが、非常に充実した銀行員生活を送っている方が多くいます。筆者と同年代か少し若い方の中には、学卒で入行以来今が一

番充実しており、楽しくて仕方ないと熱く語る方が何人もいます。

　金融機関内のコンサルタントとしての地位を確立されており、専用の部屋を与えられ、定年再雇用後も雇用延長が可能なほど厚遇でイキイキと働いています。以前私が勤務していました住宅会社にも50歳代で金融機関から転職し、定年再雇用の限界年齢を超えても再々雇用でお願いしている方がいます。

　金融機関内財産コンサルタントの認知度や重要性がクローズアップされるなか、勤め上げた金融機関の信用をバックボーンとして、富裕層のお客様に多様な資産活用や相続対策の提案を行うには、金融機関独自の社内資格の取得が求められます。外部の民間資格としても、相続診断協会の「相続診断士」、家族信託普及協会の「家族信託コーディネーター」、日本証券アナリスト協会の「ＰＢ（プライベートバンキング）コーディネーター」などの取得は、折衝する際にお客様の心に寄り添ううえで信用を得やすくなるという効果があります。

　金融機関に限らず、多くの民間企業に入社した全員が支店長などの要職に就けるわけではなく、関係会社や取引先に転出するなど50歳以降の人生は他人によって決められることが多いと思います。しかし、この財産コンサルタントは、金融機関内で居心地の良い行員人生のゴールとして設定する価値のあるものではないでしょうか。

　金融機関の規模とは無関係に、有効活用情報をもとにした遊休地の有効活用提案では、金融機関はもとより多くのクライアント様に満足との評価をいただいています。

　金融機関様のお客様に遊休地の活用に興味を持っていただくために、お客様向けの相続セミナーのコンテンツも、女性目線の女性の備えるべき３つの相続や行員の方への勉強会などを通じて、金融機関のお客様への遊休地活用提案がしやすくなるよう、一緒に考えていきたいと思っています。

＜参考書籍のご案内＞

『女性が備えるべき３つの相続』

税理士　髙山 亜由美 著　四六判・160 頁 定価 1,500 円（税別）

　本書は女性が備えるべき「３つの相続」について、人気講師の著者がその仕組みと対策をやさしく説いた決定版。正しい知識の習得とアドバイスの実践がお客様の信頼を勝ち取ります。

　同じ女性の立場から、この３つの相続について、相続税の基本的な仕組みや具体的な相続対策について分かりやすく解説しています。相続は、資産状況や相続税という税金の仕組みに加えて、相談者本人の気持ちや家族との関係、資産状況など、さまざまな要因が複雑に絡み合います。本書で相続についての基礎知識と対策ノウハウを身に着け、コンサルティングで活かしてください。

●著者プロフィール●

髙山 亜由美（たかやま あゆみ）

税理士・たかやまあゆみ税理士事務所代表税理士

日本全国で 100 件近い相続・事業承継に関するセミナーや個別相談を実施。お客様の相続や事業承継に関するあらゆる相談を受けている。

おわりに

　これからの日本社会は超高齢社会へと突き進んでいきます。団塊の世代が75歳になる2025年問題、高齢者人口が総人口の40％を超える2040年問題など、人口構成上の諸問題は避けて通れない状況にあります。一方で、高齢者の認知能力低下による金融ジェロントロジーなど、1,400兆円とも言われる金融資産の過半を所有している高齢者の方たちに適切な提案をしていかないと、日本経済の停滞につながりかねません。

　そこで、金融機関の皆さんに日本の活性化のキーマンとなっていただくべく、筆者の経験の一部である金融機関様からの案件実現の手法について書籍に著しました。皆さんの日頃の業務の一助になれば幸いです。

　また、今回の出版で大変お世話になりました株式会社近代セールス社の大内さん、三井住友信託銀行特別理事の八谷博喜さん、株式会社サンビー企画の篠塚さん、株式会社新日本社の小松さんには厚く御礼申し上げます。

筆者

＜参考文献＞

若木　裕「図解 相続税・贈与税 平成 30 年度版」大蔵財務協会（2018）

北本高男「基礎から身に付く 相続税・贈与税 平成 30 年度版」大蔵財務協会（2018）

笹島修平「信託を活用した新しい相続・贈与のすすめ 4 訂版」大蔵財務協会（2018）

宮田浩志「家族信託まるわかり読本」近代セールス社（2018）

森田義男「はじめての不動産実務入門 三訂版」近代セールス社（2018）

清家　篤「金融ジェロントロジー」東洋経済新報社（2017）

生活経済学会「生活経済学研究　第 49 巻」（2019）

財務省ＨＰ、金融庁ＨＰ、国税庁ＨＰ、厚生労働省ＨＰ、総務省ＨＰ

経済産業省ＨＰ、内閣官房ＨＰ、国土交通省ＨＰ、農林水産省ＨＰ

＜取材協力＞

税理士法人　ブレインパートナー

株式会社 サンビー企画

株式会社 新日本社

株式会社 ランベスト

一般社団法人 相続診断協会

一般社団法人 家族信託普及協会

＜加入団体＞

生活経済学会

一般社団法人 日本相続学会

一般社団法人 相続診断協会

一般社団法人 家族信託普及協会

一般社団法人 なごや相続相談室

NPO 法人　なごや空き家センター

＜『女性目線の相続』メンバー＞

●東京

髙山亜由美　たかやまあゆみ税理士事務所 代表税理士

林　　恵子　林恵子税理士事務所 税理士

松本　徹子　松本綜合法律事務所 弁護士

網野　博美　税理士法人ＨＯＰ 税理士

植松沙和子　社労士法人ＨＯＰ 社会保険労務士

蓼沼　輝美　宮田総合法務事務所 司法書士

●名古屋

上條佳生留　税理士法人ブレインパートナー 税理士

神谷　紀子　税理士法人フィールド・ネクサス 代表社員税理士

津田加代子　税理士法人津田明人税理士事務所 税理士

田中真由美　司法書士法人アプローチ 司法書士

●大阪

伊原百合枝　甲南会計事務所 代表取締役・税理士

山口良里子　司法書士事務所ともえみ 代表司法書士

[著者略歴]

田原 義通（たはら よしみち）

1959 年　 1 月　岐阜県生まれ
1982 年　東京理科大学卒業、同年三井ホーム株式会社入社
2013 年　静岡支店長
2016 年　金融法人営業部長
2020 年　 9 月　三井ホーム株式会社退職
2020 年　10 月　コンサルティングオフィス TEE-UP主宰

[連絡先]

コンサルティングオフィス TEE-UP
〒 460-0008
愛知県名古屋市中区栄 3 丁目 15 番 33 号
栄ガスビル 13 階
Tel：052 - 855 - 3461
E-mail：y.tahara0110@gmail.com

地域貢献を踏まえた
相続対策と不動産活性化ノウハウ

2020（令和 2 ）年 10 月 19 日　初版発行

著　者 ——— 田原　義通
発行者 ——— 楠　真一郎
発　行 ——— 株式会社近代セールス社
　　　　　　〒165-0026　東京都中野区新井 2-10-11 ヤシマ 1804 ビル 4 階
　　　　　　電　話　03-6866-7586　ＦＡＸ　03-6866-7596
装　丁 ——— 与儀　勝美
印刷・製本 —— 株式会社木元省美堂

ISBN978-4-7650-2196-8